中国教育三十人论坛第三届年会部分参会人员合影

中国教育三十人论坛丛书
Books of China Education 30 Forum

构建现代教育治理体系

朱永新　汤敏　周洪宇　袁振国　谢维和 | 主编

GOUJIAN XIANDAI JIAOYU ZHILI TIXI

山西出版传媒集团　山西教育出版社

图书在版编目（C I P）数据

构建现代教育治理体系/朱永新等主编．—太原：山西教育出版社，2017.5
（中国教育三十人论坛丛书）
ISBN 978－7－5440－9144－2

Ⅰ．①构…　Ⅱ．①朱…　Ⅲ．①教育－中国－文集
Ⅳ．①G52－53

中国版本图书馆 CIP 数据核字（2017）第 081146 号

构建现代教育治理体系
GOUJIAN XIANDAI JIAOYU ZHILI TIXI

责任编辑　樊丽娜
复　　审　刘晓露
终　　审　郭志强
装帧设计　王耀斌
印装监制　贾永胜

出版发行　山西出版传媒集团·山西教育出版社
（太原市水西门街馒头巷 7 号　电话：0351－4035711　4729801　邮编：030002）
印　　装　山西新华印业有限公司
开　　本　720×1020　1/16
印　　张　15
字　　数　153 千字
版　　次　2017 年 5 月第 1 版　2017 年 5 月山西第 1 次印刷
书　　号　ISBN　978－7－5440－9144－2
定　　价　35.00 元

如发现印装质量问题，影响阅读，请与印刷厂联系调换，电话：0351－4120948。

前 言

2016年12月17日，中国教育三十人论坛第三届年会在北京成功举办。本届年会备受社会关注，现场听众将近一千人，另有六十多家媒体记者，成为2016年教育界的一大盛事。

本届年会的主题是“现代教育治理体系建设”。因为中国迄今尚未建立科学规范的现代教育治理体系，没有形成高水平的教育治理能力。如果不能尽快建立现代教育治理体系，实现教育治理能力现代化，教育现代化的目标就不可能如期实现。在教育不断发展的情况下，现代教育治理体系成为迫切需要解决的问题。本届年会群贤毕至，俊彦咸集。来自国内外著名专家学者有二十多位，包括诺贝尔经济学奖得主、激励理论奠基者莫里斯，著名经济学家、中国证监会原副主席高西庆等具有国际声誉的知名人士。

年会采用主旨演讲和对话座谈、观众互动等多种灵活方式，活泼生动，气氛热烈。专家学者们围绕“大学治理之道”“家庭和学校：现代教育新思维”“提高现代教育治理能力”“教育运行的法治化”等议题，就如何推进中国现代教育治理体系建设进行深入探讨，提出了许多富有建设性的意见和建议。

许多媒体都报道了本届年会，产生了极大的社会影响。论坛秘书处整理的《中国教育三十人论坛关于构建现代教育治理体系的九个建议》得到了国务院副总理刘延东同志的批示。中国教育三十人论坛作为一家新型的教育改革智库，已经被社会广泛认可，为论坛的未来发展奠定了坚实的基础。

我爱教师网承办了本届年会。作为中国教育三十人论坛的合作单位，山西教育出版社把本次年会的内容精心编辑，汇集出版，旨在和关注中国教育问题的读者朋友们共享思想盛宴，为共同建设中国现代教育治理体系而努力。

中国教育三十人论坛学术委员会

2017年4月20日

目　录

提高现代教育治理能力

教育运行的法治化

附录

特邀嘉宾演讲

莫里斯

激励理论奠基者

1996年诺贝尔经济学奖得主

如何培养创造性人才

大家上午好!

我就会说“你们好”这句中文。非常荣幸受到中国教育三十人论坛组委会邀请，来跟大家讨论一下教育方面的问题，我理解今天我们所谈论的问题就是如何在教育方面培养创造性人才。

下面我要讨论的内容是如何培养创造性人才，主要将我个人的观察和经验跟大家分享，不是讨论经济分析方面的问题。我们提到教育培养创造性人才，创造性可以表现为多种形式，比如发明一种产品，包括一种新药品，或者一部新手机；或者我们认为创造力是能够使我们现有的产品更加高效，比如说使得手机的功能更强、使得药品的疗效更好；或者说是一种创造的艺术形式，创造一件艺术品，包括创造其他音乐、建筑物、设计等这方面的创造力，在创造力方面包括对一些物品的设计，也要展示我们的创造力，比如说我们对于时装、家具、建筑物的这种设计，也要我们具有创造力。还有另外一种形式的创造力，即需要我们去解决问题，比如说我们在数学方面有了一些新发现。这都需要我们去独立思考，去进行创造性的一些创作。

当然创造力的培养需要学习新的知识，我们需要学习大量的知识才能拥有创造力。有没有教育方面的一种灵丹妙药，能够帮助我们所有的人变得具有创造力，能够解决那些看似不可能解决的问题呢？创造力培养方面确实有很多经验和教训值得学习、吸取。

有一位著名的人类学家、历史学家和作家，他的名字叫贾雷德·戴蒙德，在他的很多书里不止一次提到过他的一次经历，他在澳大利亚中部的一些新几内亚岛屿，见到当地的一些土著人—— 一帮我们认为没有受过教育的本地人。在当地的一些村庄里没有学校，人们没有接受过教育，而且跟外界也没有多少联系。但是，这个教授发现当地的人实际上是很具有创造力的，因为他随身带了一些现代化的物品，而这些人总能够发现这些物品的一些创新性的使用方法。

这种对于创造力的自然的追寻，可以说是一种与生俱来的能力。人类的天性里已经有追求创造性的这种潜能，所以我们的教育系统是应该鼓励这种创造性、培养这种创造性。作为人类来讲，我们究竟需要多少创造性呢？当然不需要所有的人都非常具有创造力，但是当我们所有人都具有创造力的时候，我们就会对社会更有益，而且我们的生活也会更加丰富多彩。所以我建议我们社会应该对人才培养方面给予更多支持，以便培养更多具有创造力的人才。

另外，对于一些小方面的创新，我们也应该加以重视。这些小的创新，包括我们在自己的花园里进行一些创造性的园艺活动，包括烹饪方面，这些和那些重大的发明还有对一些艺术品的创造同样重要。创造力意味着人们的行为方式会各不相同。在社会中，我们可能会有一些对于社会秩序的维持，以便防止这种无政府状态。但是，如果我们的教育只是让所有的人、所有的群体都去做同样的事情，都千篇一律做事情，像我们的士兵站军姿，或者像学生背诵课文一样，这个时候不是在培养创造性人才，这个时候创造力会受到一些压制。

对于创造力培养方面，可以只限于某一些特定的人群。对于其他类型人才可以做一些重复性、操练性的工作。我个人的观点，应该对所有人进行我们所认为的通识教育、博雅教育，这样有助于人才创造力的培养，对于本人来讲也会让他的生活更丰富多彩，更有成就感。在这里我想讨论两种教育，一种就是我们所受的基础教育，另外一种就是高等教育。

我会介绍一下我认为在基础教育方面一些比较重要的内容，以便于我们能够去鼓励创造力的培养。

首先，我们应该去了解那些伟大的科学家、艺术家、探险家和发明家，以及那些具有重大创造力精神的人士，学习他们的经历，通过具体的案例激励我们进行学习。并不是说这些人跟我们有很大的不同，但是我们通过学习他们，每个人可以变得具有创造力，都有无限的可能去创造。这就是我想讲的第一点，每个人都应该向那些具有创造力的人士进行学习，我们把他们称为我们的榜样。

第二，我们应该采取积极主动的方式去进行学习，也就是通过实践进行学习。我们在阅读的时候同时要进行创作性的写作。另外，当我们去欣赏那些世界名画的时候或者别人的作品的时候，我们也可以尝试去创作一些画作。我们可以去听很多优美的歌曲，同时我们也可以尝试作曲。在使用别人发明的物品的时候，我们也可以去尝试创造、制造。

在学习的时候，既要记忆那些事实性的知识，就是前人发明的知识，同时还要运用知识去解决问题。也就是说，我们要去吸收别人的一些思想或者一些事实性的知识，同时我们要把它们消化，融为我们的一些营养。

我也听到一些从事基础教育的老师们提过，在学校里我们教授各种知识和技能，但是我们对于创造力的培养还是不够的。有时候这种创造性对于我们来讲是非常宝贵的。在学习的时候，不应该仅仅学习那些我们喜欢的知识，当然，如果你学习的这些知识，自己都不感兴趣的话，显然你不会学得很好。有时候需要达成很好的平衡，既要做一些很有意义的事情，同时又很喜欢我们做的这些事情。

第三，即使在我们的基础教育上，我们也要给学生以充分的时间，让他们进行自由的思考，同时进行自由的探索，看一下自己如何用创造性的方法来解决问题。

下面介绍一下高等教育方面的一些看法。介绍一下剑桥大学的一些行之有效的方法，所谓的行之有效也可能是对我的培养非常有用的一些东西。我进入剑桥大学是去学习我的第二个学位，就是数学方面的学位，以及第三个学位，就是经济学方面的学位。

我在剑桥三一学院学习，这个学院所培养出的诺贝尔奖经济学奖获得者超过了整个法国国家的获奖者，进入这样的环境可能自己感觉有一种预期，别人会预期你也会获得诺贝尔奖。当你被遴选进入这样的著名学府进行学习的时候，可能就会获得一种信心，就是我们应该去进行新的发现，有一些新的探索。

当时我的研究导师给了我一些书目，又给了几篇他写的论文，然后要求我去阅读，并且参与他的研究项目的一些每周的定期学术会议。我的导师本身也是一名比较高级的经济学家，他当时的研究是为英国政府设计一种计划的模型。他把这个任务交给了我，实际上后来我们也没有很多次这种会议和见面。

我在剑桥所受到的各种不同的学术点拨，使得我开始思考一些重要的经济学方面的问题，我也决心全部解决这些经济方面的问题。当时我也问了很多研究者一些问题，就是关于学术研究方面，当时很多问题还没有得到解决。

剑桥这种对未知领域进行探索的学术环境，给了我足够的自信，然后我想去找出一些新的解决方案、解决方法。后来我花了18个月的时间，设计出来一个很好的模型，特别是关于在不确定性情况下的一种进行规划和计划的模型，最终解决了教授所交给我的问题。这就需要在数学方面和经济学方面有很好的知识基础，而且剑桥的学术环境也给了我这种自信，还有来自于我的同事和导师的巨大的支持，也使得我能够取得成功。

我想提一下我所认为的一些独立思考的方法，如何利用已有的知识和事实去进行创造力的培养。我认为很重要的一点就是我们必须要有各种比较丰富的经历，比如说我们要去阅读大量的论文，而且要去访问不同的国家，要去会见不同的学者和科学家，向他们学习。这些方面的学历和经历会让人变得非常具有创造性，在科学、艺术和技术方面，能够大开眼界，能够很有创造力。

我们需要在一生中永不停止，要永远具有追寻这种创造力的欲望。在这方面，我想提出一个建议，就是每个人都应该永无止境地学习。非常感谢！

高西庆

清华大学法学院教授、博士生导师

中国证监会原副主席

中投公司原总经理

中西方教育比较

很多人讲中国到底搞通识教育还是所谓的工具教育。通识教育和工具教育之间，我觉得没有基本的道德价值取向问题。工具教育把人培养成螺丝钉，通识教育把人当成人。教育的基础是让每个人自由发展，而通识教育在特定环境和特定语境里进行教育。但现代社会不需要螺丝钉了吗？现在全球70亿人，中国社会十几亿人，社会运转需要各种各样的螺丝钉，我觉得自己也是这个大机器里的螺丝钉之一而已。

我们很多家长把孩子送去国外学习，好像认为美国教育更好一些。其实很多人没有完全弄清楚我刚才所讲的这种平衡，一方面作为一个人，每个人都需要自由发展；但另一方面，目前社会存在各种不同的分层，人的能力也有不同的层次，这是事实。

孔子说 “有教无类”，不能用同样的方式对待每一个人。但互联网时代大家看得到，大数据使得每个人接到不同的信息，当然也对未来的教育产生巨大的影响。

美国社会现在已有将近200万人不在学校上学，而是在家上学，是

home school（家庭学校），在家上学的孩子现在看来没有什么很大的问题，而且他们有些考上了世界一流的大学。

教育实际上是一个多层面的东西，有横向和纵向。李岚清副总理曾分管中国的教育，他一直鼓吹中国应该大力发展技校。他本身是汽车工业出身的，我自己也是工厂出来的，每个大工厂都有厂办大学，本来是技校，“文化大革命”的时候变成工人大学。现在的电工、水暖工等等，这些人所受的训练是实践操作，动手能力很强，但文化水平可能不够。

在德国、奥地利、北欧很多地方，有大量的技工学校，这种技工学校出来的人，一点儿没有觉得自己在文化层次上、道德水准上比别人差，反而过得很好、很舒服，但中国必须得鼓吹让更多人上职业学校，这跟我们的主流文化有关。

如何分类，一方面是社会发展，一方面是社会需求问题。作为教育工作者，关键要把这些东西分开来看，用大数据的方式分开。杜克大学新课程设置就是这样，20个不同专业，设计了一些特定的筐，这里面什么专业都不是，特定的课，比如法律与艺术，五个礼拜上完，愿意上就上，这样的课程受欢迎程度比别的课更高。一些学生到了大学，尤其中国孩子，因为从小学到高中他们并不被鼓励去想将来干什么最好、最有用，基本上都是一个模子出来。这些孩子成绩很好，但到大学不知道该干什么。还有一点，国外上大学出来找工作很正常，但是中国大学生毕业后基本都去上研究生，不然找不到工作，这对于社会资源、个人资源是很大的浪费。

我教了很多年书，每次上完课用一两个小时跟学生交流，本来是答疑，结果80%的疑不是关于课堂的事，而是这些学生不知道下一步该干什么，不知道这辈子该干什么。这一点值得教育工作者思考。

今天的教育对批判性思维鼓励得不够。教一个孩子，先教他提问题，碰到什么事得问一下怎么回事，不能教他记住就行。我们不断出现高分低能的学生，为什么会这样？主要是他们缺乏批判性思维，很多学生不会解决问题。而且现在国外很多大学开始设置“玻璃天花板”，对于中国孩子的录取有限制，虽然中国孩子比美国孩子分数高得多，但他们还是不会录取。我在美国很多大学教过课，高分低能问题是基本问题，因为他没有受过批判性思维训练，让他提问题提不出。

美国的孩子在幼儿园时期，老师就教育他们自己提问题，提出好的问题。现在我在清华大学教书，我鼓励大家提问题，但很少人会提问题，尤其男孩子不愿意提问题。三个学期以前，我实行了一个新制度，基本不考试，绝大多数分在课堂上打，每个人提一个问题，得一分，回答问题比较好得两分。因此所有人课堂上特别积极发言、提问题。这其实在社会中也一样，对很多解决不了的事情，首先要想到这里有什么问题，不是等着别人告诉我，我该怎么做，这个十分重要。谢谢大家！

（高西庆先生的演讲实录比较口语化，在此选用了搜狐教育编辑整理的文章。）

大学治理之道

钱颖一

国务院参事室参事

清华大学经济管理学院院长

现代大学治理体系建设

我很高兴再一次参加中国教育三十人论坛年会。本届年会的主题是“现代教育治理体系建设”，我今天要讲的是“现代大学治理体系建设”。现代大学治理是现代教育治理中的一个组成部分。如果用经济学作比喻的话，教育与大学的关系有如经济与企业的关系。经济治理改革的方向是市场在资源配置中起决定性作用，更好地发挥政府的作用。而企业治理改革的方向是建立现代企业制度，具体地说，是1993年提出的十六个字：“产权清晰、权责明确、政企分开、管理科学。”

在研究现代企业制度时，我们把公司治理分为内部治理和外部治理，后者涉及股东、债权人、政府等企业外部的利益相关者。类似的，我也把大学治理分为内部治理与外部治理两个方面，外部治理涉及大学与政府、大学与社会（包括校友）之间的关系。因为时间关系，我今天的讲话聚焦于大学的内部治理，今后有机会时再谈大学的外部治理。

在我看来，大学的内部治理涉及两类问题：一是学术问题，二是行政问题。学术问题是大学特有的问题，与企业不同。企业为顾客生产，顾客是企业效益的最终裁判。大学的产出是学术研究和学生教育。学术问题就包括学术研究规范、标准的建立，对教师学术水平的判定，对学生学业规范的确立和评估等。大学中的行政问题涉及大学内部资源配置、激励机制等，与企业相似。当然，行政问题与学术问题有关联，比如学科设置问题关系到设立哪些院系、重点支持哪些学科、规模大小等，就要依赖学术判断，但最终还是资源配置问题。

大学内部治理的第一个原则是在学术问题上必须“教师治学”。“教师治学”的含义是学术问题应该由教师决定，即由教师组成的委员会或教师大会根据一人一票的民主投票结果作为学术判断的根本依据。教师治学的内容包括各教学项目培养目标和方案的设计，学生学业水平的判定，教师研究学术水平和学术贡献的评价，教师聘用和职称晋升学术标准的制订和评判等问题。在教师治学下，教师发挥在学术问题上的决定性作用。

教师治学中有两个重要元素，都是企业中没有的。一是同行评议。同一学术领域和教学项目中同行的推荐信、评价信、评估报告是教师在学术问题上做出判断的重要信息来源。这是一个很奇特的制度，但也是唯一可行的制度。只有在大学，你信任你的同行竞争者，你会让你的竞争者来评价你的教师的研究成果和教学项目的质量。也只有在大学，你培养的学生去与你竞争的大学工作，你会感到自豪。二是学术自由。学术自由是获得客观的学术评价的前提。如果没有学术自由，那就不可能有可信赖的学术评价，也就不可能有真正意义上的教师治学。

需要说明的是，“教师治学”的概念比“教授治学”的概念更为恰当。教授（professor）在中国通常是指正教授。而教师（faculty）则包括助理教授、副教授和正教授。当然，资深教师（正教授和获得长聘的副教授）由于学术水平和声望整体较高，所以在治学中要发挥更大作用。不过，年轻教师虽然经验不足，水平差异较大，但是他们活跃在研究最前沿，其中的优秀者引领未来学术方向。学术问题不仅有关今天的研究成果和今天的培养方案，而且关系到未来学科发展方向和学生一生成长，所以教师治学必须要有年轻人的参与。

大学内部治理的第二个原则是行政问题应当“职业化管理”（professional management）。职业化管理不是民主化管理。在行政管理问题上，在资源配置问题上，大学与企业有很多类似之处，首先，内部组织应该是科层制管理的。其次，大学中的绝大多数管理者和行政人员应该是全时的职业管理者和职员。第三，管理者的选择应该是任命的，而不是选举的。

正是因为行政问题应该职业化管理，“教授治校”或“教师治校”就不合适了。我理解这种呼吁的初衷是对大学“行政化”的不满。正如前面所说，我同意在学术问题上必须“去行政化”，必须“教师治学”。但是，泛泛讲大学“去行政化”是不准确的。因为大学作为一个现代化组织，其行政问题只能通过行政化管理。其实，企业管理民主化也没有多少成功的例子。这其中是有道理的。大学与企业的不同，主要体现在大学中有学术问题，而企业中没有。但是在行政管理上，大学治理与公司治理都应该职业化管理。

需要说明的是，老清华确实实行过“教授治校”。但是，那时清华只有本科生，教学目标单纯，且学生只有数百人，教授人数也不多，因此资源配置问题相对简单。而现在的大学通常都不是这样单一，也不是这个规模了。现代大学如同现代企业一样，并不适合民主化管理。

综上所述，我们把大学中的问题分为“学术问题”和“行政问题”。在“学术问题”上实行“教师治学”和在“行政问题”上实行职业化管理，是现代大学内部治理的精髓。

下面我从三个地区的实例来比较说明以上理论的现实相关性。首先说明，每个地区都一定会有不少特例，我在下面的讨论是针对地区中多数的、一般性现象。

第一，中国大学。中国大学的突出问题是一些该学术化的方面被行政化了，而另一些该行政化的方面又不够行政化。

首先，中国大学治理中的一个主要问题还是“教师治学”不能落实，表现在学术问题上教师的决定性作用没有很好体现，往往用行政方式替代。比如，教师聘用和职称提升的程序上，由教师组成的委员会（学术委员会、教授提名委员会或其他委员会）的作用不明确，同行评价的信息不完善。对学生培养方案的确定和修改，也应该先由教师组成的委员会评议，而不应该由行政班子直接决定。同时，学术自由方面也存在很多问题。

另一方面，在一些大学的行政问题上又不够行政化。表现在三个方面：一是一些行政问题被当作学术问题处理。比如，由学术委员会来讨论学院的设立、学院的规模，这是不合适的，因为这些是行政问题。二是过多的行政管理工作由教师承担，而绝大多数教师既没有兴趣也没有能力去做行政工作。教师承担行政工作既容易用行政权力干预学术问题，又容易对从事行政工作的教师降低学术标准。三是大学管理者的任命程序和方式类比党政干部，难免复杂化。

第二，欧洲大学。一些欧洲大学在学术问题上的一个突出问题是少数资深教授权力过大，年轻教师的声音不够，因此在学术问题上不够民主。这不利于学科的进步和发展。同时，欧洲大学更为突出的问题还是行政问题上职业化管理不够，表现在大学管理过于民主化，比如系主任、院长、校长大多由选举产生。

在欧洲大学选举产生校长、院长、系主任时，教师均参加选举，有时职员和学生也参加选举。在这个意义上，欧洲大学更接近于“教师治校”或“民主治校”。民主选举校长、院长当然能反映民意，但是会带来很多问题。大学的使命更多的是服务于未来：创造知识是为了未来，培养学生也是为了未来。然而，现任的教师很可能因为利益关系不想改变现状。校长和院长若经选举产生，他们就必然要过多顾及现任教师的意见，这对大学，特别对转型中的大学，尤为不利。正是这种民主管理方式使得欧洲大学很难改革和进行结构调整。

第三，美国大学。美国大学既有私立的，又有公立的（即州立）。私立大学与公立大学在外部治理上有所不同，但是在内部治理上非常类似。

首先，美国大学在学术问题上是民主的，由教师一人一票决定教学课程体系设计、教师引进和职称晋升推荐等。当然，参加投票的教师范围需要根据具体情况事先规定。所以，美国大学既不像中国大学那样通过行政干预学术，也不像欧洲大学那样由少数资深教授说了算。

同时，美国的私立大学和公立大学在行政问题上都是职业化管理的。行政人员中绝大多数都是职业管理者和职员，只有少数由教师担任，诸如校长、少数副校长、院长、少数副院长、系主任。而且所有行政管理职位都是任命制，不是选举制。系主任、副院长由院长任命，院长、副校长由校长任命，校长由校董会任命。当然任命过程中会听取教师意见，但是最终不是由教师投票决定。这与中国大学和欧洲大学都不同。这种方式既可以减少政治因素，又可以避免短期行为，有利于着眼于大学的长远和未来，有利于改革和转型。

在我看来，美国大学内部治理中体现出的“教师治学”和“职业化管理”的结合，是美国大学保持长期学术活力的制度保障。美国大学在世界大学中的领先地位是与它的现代大学治理体系相一致的。

今天我们探讨现代大学治理体系建设十分重要。现代大学治理体系建设是现代大学的制度基础，是建设世界一流大学的前提。在讨论现代大学治理问题上，理念和经验都很重要。我们要准确诊断中国大学治理中的问题，同时参考和吸取其他国家大学治理中的经验和教训，这样才能有针对性地推动中国的现代大学治理体系建设。

陈平原

北京大学中文系教授

中央文史馆馆员

教育部“长江学者”特聘教授

大学治理，何处是归程

各位朋友，刚才钱颖一从经济学角度来谈，现在我从历史角度来谈。回望中国大学120年的历史，我问一句话，大学管理何处是归程？2015年4月，我在美国华盛顿大学演讲，谈中国大学问题，其中有这么一段话："回望这100多年的中国现代大学史，有两处路走得比较顺，一处是1928—1937年，一处是1998—2014年，其他的年份虽然也有一些亮点，但往往起伏不定。"从1998年开始，最近16年的中国大学走了两条路：一是争创世界一流，一是大学扩招。两条路高低搭配，各有各的道理，身在其中者，很容易看到很多毛病，因此怨声载道。但是拉开距离，从100年的历史上来看，这段时间的雄心勃勃和生机盎然很让人怀念。

最近这些年，我多次在演讲当中谈到当下的中国大学充满张力的既乱七八糟又生机盎然的局面，这两句话，是我对中国大学当下状态的描述。国家投入剧增，科研项目林立，奖励繁多，人才辈出，但是又觉得整个显得虚胖，管理上不尽如人意，有点担心，这种万马奔腾的局面能维持多长时间。

对于近二十年中国高等教育因投资剧增而办学条件迅速改善，我持充分肯定的态度。但“211”“985”“2011”“双一流”这四个工程当中，我认为最有意义的其实是“211”。“211工程”最初是为了面向21世纪，迎接世界新技术革命的挑战，中央和地方各自集中力量，重点建设100所左右的高等学校和重点学科，使其达到世界一流水平。中国不可能有100所世界一流大学，但是不要追问什么叫作世界一流，反正在原有基础上大有改进就行了。“211”只是一个标志性的台阶，如果有越来越多的大学踏上这个台阶，是好事情。因此在我看来，最佳的方案是不断地落实当初的承诺，成熟一批，吸收一批，兼顾公平和效率，用增量的办法来解决大学之间的发展差距问题。

抛弃仍有很大发展空间的“211”，对那些就缺临门一脚的大学来说是严重挫伤，更可惜的是没有办法调整中国大学布局，推进中国教育均衡发展。四个工程当中，“211”是雪中送炭，其他都是锦上添花，改造推进“211工程”，让更多多年苦心经营且大有长进的大学入列，可以扩展优质教育资源。如果一味优中选优，对于名牌大学大有好处，但这有点类似奥运金牌战略，这个发展思路不利于中国大学整体水平的有效提升。

回头看看中国20世纪30年代、60年代、80年代，中国各个大学之间的差距，不像今天这么大。如今三六九等彻底凝固化，不是好兆头。我没有说全国2000多所大学应该迈开步伐齐步走，只是希望给那些有雄心、很努力的大学提供上升空间。

从1995年开始公布第一批“211”大学，到2008年年底第四批“211”大学新鲜出炉，短短十几年间，很多中国大学在这条大路上快马加鞭，取得举世瞩目的成绩。可是闸门突然落下来，不少信心十足且准备充分的大学，从此被拦在大门外。既然“211”已经成为很好的教育品牌和评价标准，为什么不能在112所之外，进一步提升呢？如果有序推进，到2020年建成150、180所“211”大学有什么不可呢？

当然，随着2016年6月30日教育部官网宣布《关于补充高等教育“211工程”三期建设规划的通知》，以及关于实施“985工程”计划的文件失效，此后的工作，不可能往“211”“985”路上走了，所有中国大学现在紧盯着“双一流”这块大蛋糕，不再提“211”“985”，连出台没有几年的“2011”都没有人理睬。从目前显示的诸多迹象来看，国家及各省市对“双一流”的投入会很大。作为关注中国教育多年的老教师，欣喜之余，我还是有不少疑虑。

第一，以今天中国的大学格局，再评一两次乃至三五次，获益的还是那些精英大学，有机会出席这场豪宴的，很可能就是原来的“985”大学，“211”都不见得够格。鼓励自由竞争，想象有一匹黑马出来，凭着自己的力量从底层迅速跃起，那是神话。我的基本判断是，落实“双一流”，马太效应将因此而进一步增强。为了争一流，眼下各大学正花大价钱，争抢人才。各大学所在地区财力有巨大差距，经济不发达地区的校长们，日后办学将更加困难。

第二，原本希望随着大学章程的制订，各大学获得自主性，自己把握自己的命运和发展方向，出现重大偏差的时候，才需要教育主管部门出手。在第一届年会上，我谈从章程看大学和社会的关系，寄希望于通过大学章程的制订来完成这个使命。现在看来，制度性创新效果不明显，甚至很可能只是徒有虚名，章程没有办法落实，还是回到自上而下运动式管理老路。大学怎么办？关键不在于自身努力，而是社会和领导对于你的评价，这一点使得大学的自主性照样落空。

第三，高等教育是庞大的系统工程，牵一发而动全身，国家确定发展战略，根据时势适当微调，但要有一定的连续性，非万不得已，不要急转弯。过于频繁的政策调整，表面上上了一个台阶，获得一种新视野，实际上欲速则不达。办教育需要长远规划和平常心，说实话，短期内各大学自由腾挪、迅速跃进的空间并不大，不管是北大、清华还是别的大学，目前就是这个水平。步步为营，比“大跃进”更值得嘉许。应该鼓励各个大学自我做主，发掘潜力，苦练内功，稳扎稳打，而不是寄希望于一系列的填表、评估，达成“跑部钱进”的目标。过多的管制和评审，必定造成各个大学眼睛向上的思维定式，即便领导全都出于公心，下面也会养成等候与迎合的心态。摆脱“一统就死，一放就乱”尴尬局面的最佳方案，就是抓小放大，或曰抓弱放强，那些经过多次评估，已证明办学资质不错的大学，应该给它们比较充分的办学自主权。

谢谢大家！

程介明

香港大学教育学院首席教授
香港大学原副校长

大学治理：思路的挑战

大家都会同意，大学的任务有三：教学、研究、服务。目前一般流行的观念，这三者的内容，都是一种经济话语。

教学，是为了各行各业准备各级的劳动力，稍为现代的说法是制造“人力资源”，在中国则称为培养“人才”。教学是否成功，就看能否培养出对口的“人才”；也就是看毕业生的就业情况，甚至他们的收入，因为收入是他们能力的表征。也就是说，教学的好坏，最终是由劳动力市场来判断的。

研究，则是一种“生产”活动，近二十年，这种观念日趋显著，谈论学术成就，是看论文的篇数，作为“研究产出”；也看研究经费的多寡。还给论文加上“引用率”“影响因子”的标签，作为鉴别论文素质级别的标签。这些指标，就成为学术研究人员的“成就”“业绩”“表现”，甚至直接成为“生产力”；成为影响他们学术前途的主要考虑因素。

服务，则是如何把学术的成果、教学与研究转化成为经济的收益。因此要讲究专利权、技术转移、培训课程、技术咨询等。有时候称为“院校

—商业”关系。

这种种观念，是互相关联、互相呼应的，是工业社会的基本话语。

再仔细观察一下，这话语所及，就不只是大学任务的阐释，而且是大学治理的基本思路。

在工业社会，这种思路是很自然的。工业社会，讲究的是明细的分工、森严的科层、缜密的管理、严格的制度…… 很复杂的生产过程，合成一个复杂的产品，然后大量生产。教育的过程，也是如此设计的；高等教育的过程，也大致按照这个套路。

在工业社会，经济话语就一点儿都不奇怪。在全社会、在国家，是GDP增长，是国际竞争力的增强；在个人，就是就业、收入、地位……高等教育就是按照可以预见的未来，塑造自己的形态。

但是社会变了，大规模生产已经被量身定做的个人化对口服务所逐渐替代。现在讲究的是少量多款（less of more），因此大规模的金字塔形的机构，也逐渐被一站式的小单位所取代。小单位与大型科层的运作，完全不一样。对于工作人员的要求也全不一样——团队合作、工种不定、随机应变、临场创造、即时学习等。

个人的职业生涯也变了，用非所学、转工转行、创业失业、多重身份、间歇就业……已是家常便饭。高等教育停留在单一行业的专业培训，已经不合时宜。况且，人的生活不限于经济生活（职业），还有家庭生活、文化生活、政治生活、余暇生活、宗教生活……教育要不要为他们做准备？

再说，我们不能假设现在的世界可以一直是太平盛世。以下是我做的一个描述：

连绵的天灾祸害，冤枉的人为意外，不断的新旧疾病，

莫测的经济危机，突发的社会动乱，潜伏的战争隐忧，

泛滥的贪污腐败，任性的政党纷争，难防的恐怖袭击，

汹涌的越境难民，到处的造假诈骗，民主的不意结果。

这种情况估计二三十年缓不过来。我们的下一代要在这种情况下生存，要在这种情况下成功。还有，假如他们还是因循下去，这个社会就不会变，要靠他们去改变和领导这个社会。如此，则大学的责任就不是那种经济话语能够包含的了。

更重要的是，除了客观以外，年轻人也在变，下面我说的也许对于内地不一定适合，是我自己在香港感受到的。年轻人想什么？找一份好工作吗？这样想的年轻人越来越少了，或者创业，或者是打两年工就去旅游。寻求稳定的职业吗？客观上没有，主观上也不一定愿意。希望有事业前途吗？每到世界的一个地方，都有人说，我有一个亲戚、朋友、同学在家闲着，什么都不干，在日本叫宅男，在北京叫啃老。我们20世纪的人，安居、乐业、稳定、保障是我们追求的；现在21世纪新一代，讲究的是突破、释放、挣脱、自为。

20世纪一代人崇尚市场、民主、公义、和平。但是现在，市场，没有

解决严重的贫富不均，没有遏制不断的财政危机。这是我个人的感受。我只想说明一点，社会变了，客观上变了，人也变了。现在是20世纪的人在教育21世纪的人，到底我们的思想比他们先进，还是他们比我们走得快？

后工业社会的说法：教学，主要是学习，但是很大一部分学习不是教出来的。我们叫建构知识，这是学习科学的说法。研究，是创造知识，以前以为是发现真理，现在觉得其实是同样的现实，人类可以用不同的方法去阐释；因此理论可以多元，可以更新；不断用更新的方法、更加准确的方法、更加接近事实的方法去阐释客观现象，因此研究是创造知识。服务其实是知识交换，我们有知识，我们服务于社会，但是我们也从社会中学到很多东西。这是大学功能的知识话语。

但是，只有知识，应付不了刚才说到的乱世。教学，应该是为了培养更强的人，只有人口更加有素质，国家才会更强。研究，是为了更好地生活，改善自然环境、生活素质。服务其实也是为了建造更美好的社会。我们可以把这个叫作人文话语。返璞归真，教育原来就应该如此。

要把现在的大学治理，变成人文话语的大学治理，恐怕这条路要很长、很远。即使从今天开始走，也许会有很长的一条路。但是现在不开始走，永远走不到。现实与期望有哪些差异？下面说说我个人的观察。

第一，我们现在大学治理往往是缺陷模式——不行了，要修理了，追不上了，好像有缺陷，要弥补缺陷。以这种思路去治理高等教育，永远不会先进，因为你的目标就是没有问题、没有缺陷。因此，有一次听美国有一个大学说，我们要争取成为什么什么的第四位，第四位算什么目标？还有一次到内地一个大学评估一个学院，他说我们争取成为一流的什么学院，我说你现在是二流吗？其实每个大学都有自己的特点、优势，都有自己的梦想，没有这种梦想，没有这种自信，就不会有卓越。

第二，工业社会把整个教育过程看成生产过程，好像能控制好、管理好，产品就会好。所以，要学生学习好，就要鞭策教师。美国现在基础教育走的就是这条路，好像工人做得好，产品质量就会好；拼命抓教师，结果美国基础教育的教师都在顾虑自己的前途、自己的合约、自己的评估，无法把学生的学习放在心上，因此产生的结果相反。上大学的过程，应该是一个创造的过程，学生创造构建自己的知识，老师研究创造新的知识。这个创造过程，不可能用预先预设方案达致，这是高等教育很重要的一个方面。

第三，工业社会也把大学治理看成是种植模式：种瓜得瓜，种豆得豆，结果都是可以预计的。大学工作，这种可能性其实很低。我们理学院的同事说，做科学实验，点一千支蜡烛有一支亮了就算了不起了。怎么控制？怎么预计？但是我们往往基本上是划一的制度。对学生，划一的课程、教学、考评；对学者，划一的要求、程序、评审。有一次我们的大学校长夏令班碰到蒙古的大学校长，他说我们不搞种植，搞放牧，养好草场让羊群吃，当然有些肥有些瘦，但是人就是这样的。

第四，工程思维：严格分析、明晰步骤、步步检查、完美成果，因此有质量保障（quality assurance）、业绩评鉴（performance appraisal）、成果为本（outcome-based design）。大学，应该是发展思维，有些新出现的东西我们根本不懂，有些完全没有出现过的，怎么评？创新怎么评？哪些创新叫一级？哪些创新叫二级？

第五，现在也是符号挂帅，升学率、分数、就业率、论文数、引用率、影响因子、奖项等。到底这些指标能代表什么？没有人研究。拿了奖项后面是什么，实质内涵好像研究比较少。

总的来说，现在很多人说世界的特点是变幻、莫测、复杂、模糊（volatile，uncertain, complex, ambiguous），因此说是VUCA社会。

社会变了，思维模式也在变。在工业社会，大家追求的是：分析、工整、严密、规范、划一、整齐、逻辑、正统、简洁。现在后工业社会，大家崇尚的是：总体、宽松、模糊、概念、多元、综合、联想、发散、复杂。高等教育治理恐怕也要跟得上。

谢谢！

石中英

北京师范大学教育学部教授

北京明远教育书院院长

建设民主的学部：回顾与反思

尊敬的各位同仁、各位来宾，大家上午好！非常高兴再次参加中国教育三十人论坛。这次论坛的主题是关于教育治理体系现代化的。教育治理是一种理念，也是一种实践。今天我为各位报告的内容就是在大学的二级学院如何进行教育治理的一些探索和思考，请大家批评指正。

为什么选择一个二级学院的治理经验进行分析？因为学院是一个大学基层组织。大家知道，从组织架构上说，大学主要是由大学层面的管理层（大学领导者和各职能部处）和二级学院两个层面构成。二级学院是大学内部人才培养、科学研究、社会服务、文化传承、国际交流合作的主体。所以，要讨论大学治理问题，不能停留在大学层面，而要深入到学院层面讨论。

我有幸在过去的几年担任过一个学院的院长，亲身经历过学院治理的实践，2016年5月份刚刚卸任。这个学院就是北京师范大学的教育学部，它是2009年成立的，是北师大按照一级学科的建制来成立的第一个学部，最近刚刚成立了地理科学学部和心理学部。当初北师大成立教育学部的目的就是要打破原来校内教育学领域诸多二级学科、二级单位的机构壁垒、学科壁垒，进一步整合资源，促进教育学二级学科之间的交叉和融合，提升教育学科的影响力和服务能力。

教育学部现在下面有14个院系所，专业教师240多人，教职员工总共280人，学生有2300多人，专业设置包括5个本科专业、17个硕士专业、13个博士专业、1个教育博士专业，还有3个全英文的国际硕士和博士项目。在北师大的二级学院中，教育学部算是一个规模比较大的。

2011年9月，根据学校组织部门的安排，我从研究生院调回学部，为学部师生服务。当时我反复思考很多问题，如要建设一个什么样的学部，要有什么样的理念，该怎样进行管理，如何在继承的基础上开拓创新，如何带领教师们实现建设世界一流教育学科的梦想，等等。

我请顾明远先生题写了部训，作为学部工作的核心理念。他是北师大教育学科1949级学生，是新中国成立后北师大教育学科历史的亲历者、领导者、见证者，也是中国教育三十人论坛顾问，由他来题写部训是再合适不过的了。顾先生为学部题写的部训是“崇教爱生，求真育人”，并亲自做了解读。教育学部毫无疑问应该崇信教育的力量，爱护自己的学生，在对教育真理的追求中培养未来的教育家。这个部训题写得非常好，指明了学部工作的根本价值方向。

在部训精神指导下，我还提出学部的四个核心价值观，进一步回答要建设一个什么样的学部。这四个核心价值观就是安全、平等、公正、支持。首先是安全，我们努力创建一个安全的学部，不仅环境是安全、绿色无污染的，师生员工的心理和言语也是安全的，没有谁因为说过什么话而受到威胁甚至被秋后算账。其次是平等，学部内部不分年龄、职业、职称、身份，每个人有平等的尊严、机会和权利，每个人都受到平等的对待。学院内部存在等级性是一个不争的事实。不同职称的老师，专业教学科研人员与教辅人员、行政服务人员之间都存在不平等的关系。这种不平等的关系在相当程度上影响了学部的活力。第三是公正。这个时代，利益分配最牵动人的神经，也最困难。利益分配应当遵循的首要价值观就是公正，不公就会引发抱怨和争斗。学部任何利益分配都努力做到公平、公正、公开。公正不是平均，而是让每个人"得其所应得"。最后是支持。教师的发展、员工的发展、学生的发展，都需要支持。一个一流的二级学院，应当是给予师生员工的发展以一流的支持。学校下拨的公用经费、学部服务的收入，都用来支持师生员工的发展，从青年教师到资深教授，从专业教师到行政管理人员。以上这些，是学部治理的核心价值理念，是学部各项具体工作的指导性原则，与部训精神融为一体，渗透在学部工作的方方面面。

学部治理，光有部训和核心价值理念还不行。这些东西必须转化为制度和机制，必须要有制度和机制的保障，否则就是空谈。我当时认为，民主就是这样一个机制，只有以民主的原则来治理学部，完善学部民主化，才能实现上述的价值理想。道理上不难理解。只有师生员工的民主权利得到保障，民主参与比较充分，民主监督充分建立起来以后，一个二级机构对于其成员心理和职业来说才是安全的；只有民主才能促进各个系列教职员工之间的充分交流，消除传统二级学院内部存在的各种等级和身份特权；只有民主才能更好地反映师生员工的利益诉求，保证利益分配时让各人得其所应得。同样，只有民主才能够知道师生员工的发展需求，知道有限的公共资源该优先支持谁，该怎么支持。总的来说，在我看来，只有建设民主的学部，才能够为部训精神与核心价值观的真正实现创造条件，民主或民主化是学部治理的一个核心机制。

如何建设民主的学部？学部成立的时候就设计了比较好的民主管理架构。我和同事们主要从四个方面进行了完善。第一，要厘清学部民主建设的目标和理想；第二，要进行学部内部的民主决策和管理；第三，要促进民主的参与和对话；第四，要建立民主的评价与监督机制。

学部建设的民主目标和理想包括两个层面。就培养目标层面而言，学部要以培养有教育学专业素养的社会主义民主公民为己任。明确这样的目标，主要是想校正大学专业培养目标的偏狭。一些大学的二级学院把培养专业领域里的创造性人才、拔尖人才作为培养目标。这样来表述是对的，但还是不充分、不全面。高等教育作为国民教育体系的一个重要组成部分，最根本的任务应是造就公民。这一点上与基础教育没有什么不同。只不过考虑到高等教育的阶段性，大学要造就的是有专业素养的公民或者如国外一些大学所言，是学者型公民。如果一个大学的二级学院不是培养有专业素质的社会主义公民，那么这个机构从根本上就算不上是一个民主的学院。其次，民主学部建设的组织目标在于构建民主的教学和研究的共同体。教师们很喜欢“共同体”这个概念，不喜欢“竞技场”这样的概念。在共同体中，大家看重的是相互依存、相互学习、相互关心，而不是职位的高低、津贴的多少。教学中有不同的风格，研究中有不同的感兴趣的领域。民主的教学和研究共同体就是要打破一些外在的界限和限制，促进教师们彼此之间的承认、尊重、学习和交流，从而营造温馨的教育与学术文化氛围。

在民主的决策和管理方面，学部建立了党政联席会议制度。党政联席会议进行集体决策，防止个人独断专行。作为学部管理的行政一把手，我经常要克制自己拍板的冲动，耐心地听取部务会成员的意见和建议，认真分析那些彼此不同甚至是完全相左的意见、建议。比起个人决策或党政主要领导决策来说，集体决策显然需要的时间会更多。但是，为了建设真正民主的学部，为了彻底改变传统二级学院主要领导决策的模式，听取更多的意见和建议，这种决策在时间和效率上的付出还是很有价值的。

为了体现教授治学的目标，学部从一开始就建立了各种专门委员会，像人事工作委员会、学术工作委员会、课程与教学指导工作委员会、学位评定分委员会、外事工作委员会、学生工作委员会、筹资工作委员会等，负责学部各项事务的管理。学部班子成员不担任任何委员会的主任，只担任副职，便于支持、配合各委员会的工作。委员会实行任期制，随着学部领导班子换届而进行换届。每次换届大概有1/3的委员要重新进行选举，以便使学部里的新成员能够进入到委员会里面来。

为了促进学部的民主参与和对话，学部建立了二级教代会制度。教代会是大学民主治理的一个重要机制，对于大学的民主治校起到积极的作用，而且也体现了大学民主管理的中国特色。学部在全校比较早地建立了二级教代会，并严格按照上级有关文件要求产生代表、召开会议、接受咨询、沟通情况与问题等。学部领导认真对待，代表们认真履职，营造了一个民主参与、对话、交流、协商的文化氛围。除了教代会外，学部的民主机制还有像研代会、学代会等学生民主管理的平台。学部为这些民主机制的建设提供充分的支持。

在建立民主评价和监督制度方面，学部也都做了很多的探索。依据大学的要求，学部建立了干部年终述职评议制度。每到年底，学部班子成员要从德、能、勤、绩、廉等方面向全体教师述职，介绍一年来自己所分管的工作情况以及自己对待工作的情况，接受教师们评议，最后教师们要匿名打分。打分的情况由学校组织部统计反馈给部务会成员，作为学校评价学部领导工作和学部班子成员今后改进工作的重要参考。学部内部的各个办公室、学部下属的各个学术机构也都建立了年终述职和互评制度。这些机制的建立和规范运行，一方面促进了教师们之间的相互了解和信任，另一方面也进一步营造了学部的民主氛围，增强大家对学部的认同感。

几年下来，学部的民主化治理有哪些成效？或者说有哪些好处？我自己反思下来，觉得学部的民主化实践有这么几个好处：

第一，减轻了行政管理的负担。学部规模大、事务多，行政管理任务重，这是可以想象的。民主管理在一定程度上建立了一个多方参与的扁平状决策与管理体系，减轻了学部行政管理的负担。学部各个方面的事务如进人、职称、外事、课程、教学、学生等都有各个方面的专门委员会来讨论和决策，学部党政联席会只需要对各专门委员决策的程序和结果进行审查、处理个别遗留问题就可以了。在这种情况下，学部的行政管理负担当然就减轻了。

第二，模糊了管理者和被管理者之间的界限。“民主”的概念从其词源来说，意味着轮流管理和被管理，每个人都可以成为管理者，当然也可以成为被管理者。学部民主治理体制的设计，就很好地解决了管理者和被管理者身份长期固化的问题，使更多人参与到学部事务管理当中来。一个人可能在行政上处于被管理者的地位，但是在外事工作中他有话语权，因为他是外事工作委员会的委员，对于相关工作有发言权、决策权。学部五周年的时候，曾经做过一个统计，五年中，以各种形式参与学部管理的教师占全体教师总数的60%！从这个数字来看，学部是一个大家管理大家、大家服务大家的民主机构，而不再是少数人说了算的传统的二级学院。

第三，增强了师生权利意识、主人翁意识。权利意识、主人翁意识对于组织成员来说非常重要。学部通过一系列的民主建设，唤醒了师生员工的权利意识和主人翁意识，并确保师生员工的权利主体地位得到尊重。这样做的最大好处，就是降低了少数人决策的风险。在传统的二级学院，院长、书记等少数人决策是不争的事实。可是这少数人的认识、视野、能力总是有局限性，决策中的风险很高。民主治理有一个好处，即汇聚众人的智慧，降低了决策风险。

第四，提高了政策执行效率。“上有政策，下有对策”，这个现象司空见惯，反映了很多问题。其中，决策的不民主是影响政策执行的一个关键原因。决策不民主，听不到政策利益相关人的意见和建议，政策问题选择主观随意，政策设计和安排脱离实际，政策执行过程中奉行“自上而下”的路径，单纯依靠行政权力强行推进，执行效果自然高不了。如果一项政策从问题选择到文本起草，再到条件配套的全过程，教师们和有关利益群体都参与了，大家对于政策意图非常了解，对于政策的价值取向非常认同，在政策执行过程中当然会比较支持，执行过程顺畅，就能够达到预期的效果。

第五，形成了彼此信任和精诚团结的文化氛围。民主决策是前台决策、公开决策，不是后台决策、秘密决策。民主决策中还会有一些争辩，谁要想在争辩中获胜，推销自己的主张，靠的不是年龄的大小或职位的高低，而是支撑性的证据、严密的逻辑和对于可能发生情况的科学研判。民主决策一个文化上的效应就是大家说话做事直截了当、开诚布公，最大限度地遏止了小团体、流言、私下的攻击，营造了彼此信任和团结的文化氛围。教育学部的学科目标是成为世界一流教育学科，学部治理的民主化为世界一流教育学科培育了积极的文化因子。一个习惯于恶性竞争、彼此猜忌、相互攻讦、四分五裂的学部永远成不了世界一流学院。

学部治理民主化的试验已经走过了几年的历程。这个历程也是不容易的，有曲折，也有收获；有教训，也有经验，有时间应当好好地反思和总结一下。从学部民主化治理的实际情况看，也面临着一些约束性的条件。

第一，大学的民主化程度不足。学部是大学的一个二级学院，学部民主化管理很多时候要越出自己的组织边界，跟学校职能部处、领导层发生各种关系。很多时候，如果大学在某一个工作领域里民主化程度不够，学部的民主活力也会受到抑制。建设民主的学部需要加快大学层面的民主化建设。

第二，行政权力与学术权力边界模糊。大学层面的治理，行政权力和学术权力的边界还比较清楚，可是这两者的关系到了学部层面就变得模糊起来。学部的部务会（党政联席会议）就其性质而言是一个行政会议，是学部的最高决策平台。但是，在这个平台上的决策，包括资源的配置，单纯靠行政权力是不能做出最佳决策的，必须同时依赖于对各项事务中的专业分析和判断。一些专门委员会的决策结果，由于各种原因，确实存在不理想的地方，但是部务会又很难去改变那些结果。二级学院层面学术权力与行政权力边界不清，极容易导致行政和学术两支力量在工作中投鼠忌器，难以沟通和配合，最终影响到管理的成效。

第三，师生的民主素养需要进一步提高。建设民主的学部，师生的民主素养是关键。有学者认为，民主不仅是一种公共决策的程序，更是一种个人品格和能力。学部治理过程中，确实出现一种现象，人们会时不时地把民主理解为一种形式上的决策程序，发言，投票，选举，打分。不少人缺乏行使民主权利时必备的品格和能力，如正直、公心、理性、诚实等，为所欲为地行使自己的民主权利，甚至觉得“既然讲民主，我说了就要算数。如果我说的最后不算数，就是假民主”，对程序、制度缺乏起码的尊重。受过良好高等教育的人，其民主素养却不能与之相匹配，这是让我很惊异的一件事情。这种现象一定程度上也反映了我们国家基础教育阶段社会主义民主教育的不足或短板。

第四，绝对的学术权力同样会导致腐败。阿克顿曾说，权力导致腐败，绝对权力导致绝对腐败。所谓绝对权力，就是不受约束的权力。在大学和二级学院中，不少人有这么一种偏见，认为行政权力容易腐败，学术权力不容易腐败。大学和学院的事务，只要多让教授们管理，就能够防止腐败现象的发生。但是，学部治理的经验表明，学术权力如果不受约束和监督，同样会导致腐败，同样会造成师生之间的矛盾、不和甚至是激烈冲突。如何约束行政权力，大学和二级学院都做了不少的制度设计，但是如何约束学术权力，到目前为止还没有多少成功的、可操作的制度规范。

第五，民主原则在学部治理中不是万能的。这主要体现在一些学术事务决策方面。学术事务的决策，有很强的专业性，真正的权威的意见应该得到高度的尊重。但是，在学术民主的理念下，不管是某一个专业的真正权威，还是一个专业领域离得比较远的专家，他们手中的票数是一样的。学部的各专门委员会少则八九个人，多则二十多人。在一些学术性比较强的事务决策上，如选留人才、课题评审、学术评奖等方面，真正的专家的意见到最后可能输给了票数，显得无关紧要。学术民主有时候很难做出最佳的决策，这在推进二级学院民主治理的过程中应该得到足够的重视和解决。

由于时间关系，我的演讲不再展开。最后小结一下："治理"（governance）理念本身包含着民主的精神。建设民主的大学、推进大学的民主化应该是现代大学的治理之道。人们诟病已久的大学行政化和学阀现象的存在从根本上有悖民主精神，也抑制大学精神的形成和成长。推动大学和二级学院治理的民主化是释放大学和学院活力，实现中国大学"双一流"建设目标的必由之路。

请各位批评指正。谢谢！

杨东平

国家教育咨询委员会委员

国家考试指导委员会委员

21世纪教育研究院院长

北京理工大学教育研究院教授、博士生导师

以体制改革为中心，推进教育治理现代化①

以1985年《中共中央关于教育体制的改革》为标志，中国80年代的教育改革是以体制改革为核心的，致力于改变计划经济时期形成的高度集权的管理体制，通过简政放权、实行校长负责制，恢复学校的办学自主权。进入90年代之后，围绕普及九年义务教育和高等教育跨越式发展的目标，基于教育经费不足的现实，教育改革的兴奋点成为多渠道筹集教育资源和学校的经营创收，进入了所谓“单纯财政视角的教育改革”，民间称之为“教育产业化”。新世纪之后，矫正和整顿教育产业化的政策，重视教育公平。围绕推进素质教育，在教育领域轰轰烈烈开展的是“新课程改革”，热度持续至今。

十七大提出加快行政管理体制改革，建设服务型政府的新要求。要求“着力转变职能、理顺关系、优化结构、提高效能，形成权责一致、分工合理、决策科学、执行顺畅、监督有力的行政管理体制”，“加快推进政企分开、政资分开、政事分开、政府与市场中介组织分开，规范行政行

①杨东平教授未能到会，会后提供的文章。

为”，提出加大机构整合力度，探索实行职能有机统一的大部门体制，减少行政层次，降低行政成本，加快推进事业单位分类改革等要求。

2010年颁布的《国家教育改革和发展中长期规划纲要（2010—2020）》（以下简称《纲要》），提出深化教育管理体制改革“以转变政府职能和简政放权为重点”。《纲要》提出，“健全统筹有力权责明确的教育管理体制。以简政放权和转变政府职能为重点，深化教育管理体制改革，提高公共教育服务水平。推进中央向地方放权、政府向学校放权，明确各级政府责任，规范学校办学行为，促进管办评分离，形成政事分开、权责明确、统筹协调、规范有序的教育管理体制”。

2013年十八届三中全会通过《关于全面深化改革若干重大问题的决定》，提出“实现政府治理体系和治理能力的现代化”的任务，要求“深化教育领域综合改革”“深入推进管办评分离，扩大省级政府教育统筹权和学校办学自主权，完善学校内部治理结构”。教育领域要“实现政府治理体系和治理能力的现代化”，核心就是要简政放权，改变高度集权、政府包揽过多的教育体制。这似乎意味着中国教育重新回到了体制改革的主题。

在这一背景下，地方政府在简政放权、改善教育治理方面有一些新的尝试。但无须讳言，目前在教育领域的兴奋点，还是集中在教学、课堂、教育技术等层面。改革教学方式、课堂教学毫无疑问是必要的，但不是教育改革的全部。事实上，如果不革除教育行政化的弊端，学校没有办学自主权，校长没有动力，单纯课改的实效就会十分有限。因此，20世纪90

年代以来，世界各国教育的热点是改革办学体制，是促进学校自治、校本管理，试行特许学校、自由学校等。

今天中国的教育改革，需要突显以体制改革为核心的价值，通过体制机制的创新，推进教育治理体系和治理能力的现代化。就教育体制改革而言，尽管大的方向、原则都已确定，有些改革也已启动（例如高考制度改革）；但整体而言，还没有进入核心区，一些重大议题还没有破题，不仅缺乏顶层设计，而且缺乏公众讨论。近年来，21世纪教育研究院关于教育体制改革有一系列的思考和政策建议，在此择其要者予以介绍，以期能够引起社会关注，重新激活这一关键的改革。

1. 教育系统的大部制改革

我国教育管理的主要问题，是各级政府之间、政府各部门之间、政府与学校之间教育事权、事业责任、财权、财力与支出责任之间的配置不合理。教育、财政、发改、人力资源等政府部门之间，承担主要事业责任的教育部门缺乏必要的财权和财力，拥有财权和财力的财政和发改部门、控制教育人力资源的人事部门却并不承担事业责任。这是教育经费长期不足、人员经费比例严重偏低、教育决策失误的重要制度因素。

（1）恢复建立“国家教育委员会”

1985年教育体制改革的成果之一，是教育部改为国家教委，由国务院副总理出任教委主任，这是为了加强教育在国家发展战略中的重要作用，加强教育跨部门综合协调的功能。但1995年，又重新退回教育部的建制。目前教育部的功能定位，主要限于学校教育、学历教育，所谓的“国民教育”，偏重高等教育，而与科技、人力资源、体育、文化等机构脱离。在当代社会大教育和学习化社会的环境中，这一定位已经陈旧和狭窄，需要在大部制改革的视野中，重新设定教育部的功能和职权。

世界各国的教育行政部门呈现职能综合化的趋势，强化教育与科研、人力资源、就业、文化等的关联。如英国为“教育及技能部”，法国为“国家教育、高等教育暨研究部”，德国为“联邦教育与研究部”，印度为“人力资源开发部”，日本为“文部科学省”，等等。建议恢复建立“国家教育委员会”，在大部制视野中加强教育综合管理、协调的职能，加强与科技部、人力资源和社会保障部、体育总局、文化部、经济部门的联系。

按照大部制的改革理念，教育行政部门内部的机构设置应当减少数量，管理职能更为综合。例如，应当大幅度减少直接管理高等学校的司局，将有关高等教育的司局合并为综合性更强的一两个司，承担宏观指导、综合协调的职能。充实民办教育、社会教育、社区教育、民族教育、教育信息化等管理职能，构建与终身教育和学习型社会相衔接的新的教育制度。

建立国家和地方的教育信息库。在信息化和大数据的时代，需要强化信息服务的功能，促进信息公开，为宏观管理、区域教育发展和教育研究提供信息服务。

（2）改革教育部直属高校管理体制

我国教育管理长期存在重高等教育、轻基础教育，以及重理轻文的价值失衡，50年代形成的教育部直属高校体制加重了这种倾斜，教育部和高等教育部分分合合，但问题至今依然存在，并没有从制度上得以解决。1985年，胡耀邦总书记对教育部端正业务指导思想的汇报曾有一个批示，大意是教育部必须办成中华人民共和国的教育部，而不是直属高校的教育部。今天，面临建设“双一流”高校和高等教育强国的目标，这一改革更具有紧迫性和针对性。

90年代末国务院机构改革，大幅度改变了“部门办学”的弊端，部委院校大多下放地方管理；但教育部的直属院校增加为75所，部门办学体制反而得以强化。这不仅与教育部宏观管理的职能不符，也与研究型大学创办一流大学的目标背道而驰。改变教育部直属高校体制，是教育部转变职能、精简机构的关键所在，也是恢复高等学校学术活力和创造力的重要措施。

为此，需要制定有关立法，确定国立大学体制改革的思路、目标。可以考虑成立类似国资委的综合管理机构管理国立大学，将这一管理职能从教育部剥离出来。也可以从取消高等学校的行政级别开始，通过建立大学拨款委员会、实行校长遴选制度等现代大学制度建设，使部属高校成为首先落实自主权、自主办学的高等学校。

2. 促进教育决策科学化、民主化

（1）建立社会参与教育治理的机制

教育既是国计又是民生，关乎每一个家庭、儿童和国家的长远发展，教育治理应当有最广泛的社会参与，需要创建制度化的社会参与机制。

建立各级教育审议制度，就是一个主要形式。发达国家均建立了从中央到地方的完整的教育审议体系，就政府的教育政策进行审议、评议，或接受政府委托，就有关的教育问题开展调查和评估，提供教育咨询和建议，协调政府、学校和社会之间的关系。法国教育部有“国民教育高级审议会”“全国高等教育和科学研究审议会”等十余个职能不同的教育审议机构。美国联邦政府设立了“各级政府间教育审议会”“联邦职业教育审议会”“联邦成人教育审议会”等多种审议机构。各州还设有州的教育审议机构。日本文部省先后设置了20余个中央教育审议机构，对战后日本教育改革和发展起了重要作用。这种机构并非专家组织，而是强调广泛性和代表性。以日本“中央教育审议会”为例，从1953年到1981年，委员总数共达240人，其中大学教授68人，大学校长39人，其他学校的校长34人，公司职员23人，社会团体职员19人，作家、评论家、表演家15人，地方教委代表9人，地方研究人员9人，新闻界代表7人，学术团体代表3人。

2011年，我国首次成立国家教育咨询委员会、国家考试指导委员会，此后，上海等地也成立了教育咨询委员会，是教育管理体制改革的一个亮点。与国外不同，国内的这种机构基本由教育专家组成，有少数经济、科技界的代表。由于缺乏明确的程序、功能设置，审议的功能相对薄弱，并不足以改变教育部门内部决策的现状。

（2）建立科学民主决策的程序和制度

依照国家关于科学民主决策的要求，需要制定《教育行政决策规范》。确定重大教育决策须履行论证、咨询、民主讨论程序，重大教育决策要进行合法性论证，建立健全公众参与、专家论证和政府决定相结合的行政决策机制。实行教育决策听证制度，并通过举行座谈会、听证会、论证会等形式广泛听取意见。促进教育信息公开，凡社会涉及面广、与人民群众利益密切相关的决策事项，都应当向社会公布。建立健全决策跟踪反馈和责任追究制度，实行质询制和问责制。

强调教育决策的信息基础、民意基础、实验基础。教育政策的制定和论证，必须有翔实、充分的信息，有定量测算的依据，有财政政策和财力的保障；涉及不同利益群体的决策，应有独立的、科学的民意调查。各种政策方案的制定，尤其是教育教学改革的方案，必须建立在试点和实验的基础上。

（3）建立公平公开的教育经费分配制度

调整政府部门之间的教育权责划分，将教育管理、规划和教职工配置的权力统一划分给教育部门，由其真正承担起教育事业发展的责任。借鉴国际经验，可在政府或人大常委会成立教育拨款委员会，负责本级教育经费预算编制、教育经费分配和教职工薪酬标准，承担起教育经费筹措和分配的主要责任。各级政府的教育经费预算、决算，对学校分配经费和对下级转移支付的办法和分配结果，都应及时公开。

类似的，高等教育领域建立中央和省级高校拨款委员会，负责公办高校预算、拨款和财务监督。在对不同学科培养成本核算的基础上，实行按学科生均综合定额拨款，同一级政府举办的高校，相同学科的生均拨款标准相同。大力压缩非定额的项目经费比例，对必须保留的小部分项目经费，应向所有的高校开放竞争。

3. 建立以省级政府为主的基础教育管理制度

我国各级政府间教育权责关系的主要问题，是基础教育权力与责任不匹配。中央和省级政府集中了绝大部分权力，长期不承担基础教育事业责任和支出责任。“以县为主”的管理体制，使得只有很小事权的县级政府，承担全部事业责任和终极支出责任。这种不匹配，导致中央和省级政府经常做出一些超出县级政府能力的重大决策（如教育部提出小学三年级开设信息技术和英语课程），并导致省域内县际之间基础教育生均经费的巨大差异。因此，必须尽早调整省与县之间基础教育支出责任，建立省级政府承担经费统筹和终极供给责任、县级政府承担主要事业责任和管理责任的基础教育体制。以省级政府为主承担基础教育财政责任，是疆域广大国家的共同经验，俄罗斯、加拿大、美国、印度、巴西和澳大利亚等国都是如此。

“省级统筹”的内涵，是在中央政府和教育部向省级政府下放财权、事权的前提下，省级政府承担教师工资和教师编制统筹的职责，整合中央转移支付资金，通过转移支付缩小县际教育差距，成为义务教育均衡发展和基础教育最主要的责任承担者。省级政府统筹制定义务教育学校建设和设备标准、校均规模标准、生均经费标准、教师编制标准和工资标准。省级政府确保义务教育阶段教师的工资福利待遇，不断增加公用经费。省级统筹中小学教师编制，切实解决教师资源配置不公平的问题，统筹规划义务教育学校校均规模，控制大班额，在全省范围根据各市县缺额情况招聘和配置教师，做到省招、市县聘、校用。

开展义务教育管理体制改革试点。在加强省级统筹的同时，实行以地级市为主的基础教育管理模式。地级市的主城区以及没有县区的省辖市（如东莞市、中山市），可将基础教育管理权上收到地级市。直辖市的城区也可实行基础教育集中管理，这样有利于统筹教育资源，促进区域内教育的均衡发展。这也是纽约、洛杉矶、巴黎等世界大城市通行的基础教育管理模式。

4. 改革高等教育行政管理体制，扩大高等学校自主权

现行的高等教育行政管理，政府对高等学校的行政控制过多，使得高校成为政府部门的附属物，是我国高等教育办学水平低下的重要原因。应该通过简政放权，建立现代大学治理结构，按照《高等教育法》的规定，落实高校办学自主权，将专业设置、学位授予、课程设置、学术研究、内部机构设置、人员招聘与辞退、职称设置与评定、教职工薪酬结构与激励、资金使用等权力完全下放给高校。教育部及各级教育行政部门应加快推进“负面清单”制度，凡是没有列入“负面清单”的事项，都应该允许高校自主选择实施。

改革现行高校党委书记和校长的任用方式，克服高校行政化弊端。应在有广泛代表性的遴选委员会考核、推荐的基础上，由政府任命高校党委书记、校长。副书记和副校长由书记和校长提名，学校党员大会和理事会分别投票选任。

取消高校行政级别，废除“211”“985”等标签，通过独立的质量认

证机构评价高校的办学水平。政府应当为高校创造公平竞争的环境和条件，同一级政府设置的高校应同等对待。

5. 开展中小学办学体制改革

开展中小学办学体制改革的目的，是通过管办评分离、委托管理，实行教育家办学，实现学校的自主发展。它大致有这样三个层面，一是改革公办学校办学体制，试点特许学校、自由学校的模式，恢复公办学校的办学活力。二是促进公私合作，将部分公办学校委托给社会机构管理。三是向民间开放办学，满足公众对多样化、高质量、选择性的教育需求，释放教育生产力。

（1）通过委托管理激发公办学校的活力

简政放权改革的重要方面是改变行政化、官本位的行政管理，向学校放权。这需要深化中小学办学体制改革，使学校真正成为自主办学的主体，实行教育家办学。

在具备条件的地方，可以试点类似美国的特许学校（charter schools）、英国的自由学校（free schools）的改革。其模式是大致相同的：公办学校的性质不变，由政府全额拨款，受托的教育家团体与教育局签订协议，确定办学理念和要达到的目标，同时在课程、人事、教师等方面给予学校较大的自主权，三年后验收，合格则继续签约，不合格则收回。美国从20世纪90年代开始实行特许学校，首先是改善弱势学校的政策措施。到2010年，美国已经有5453所特许学校，在校生173万人，已经经过了几轮实验，每三年进行一次评估，总体是行之有效的。

英国的自由学校借鉴美国的特许学校和瑞典的自由学校，在2012年以后，成为卡梅伦的联合政府的旗舰教育政策。它的核心价值是打破政府垄断，向教师、家长、社会组织、企业等开放办学。政府资助经费，公办性质不变，实行契约管理，学校有充分的自主权。在英国发展很快，到2013年底，英国已经有102所自由学校，在校生13万人。

特许学校、自由学校是真正的委托管理、教育家办学。如果在我国教育基础比较好的大城市和发达地区，每个区县拿出一所小学、一所初中进行试点，全国就有数以百计的实验学校，就会成为体制创新的生长点。

在传统的学校体制之外，还有一个巨大的潮流就是“在家上学”（home schooling），或者叫在家教育、家庭学校。这种形式是对公办教育体制的一个重要补充，具有个性化、高品质、灵活性等特点，在世界各国都成为一种潮流。目前，“在家上学”的学生在美国约占学龄儿童的3%—5%，每年的增长率高达20%。由于真正实行了小班教学、个性化教学，教育品质较高，它的毕业生往往是常春藤大学的首选。“在家上学”在全世界许多国家，包括在我国台湾、香港地区都已经合法化。

（2）通过公私合作的PPP模式（政府和社会资本合作），激发教育活力

扩大教育经费筹集中公私合作的PPP模式。在政府财政性收入增长减缓的背景下，特别需要重视扩大吸纳社会资源，更大程度地发挥市场机制在资源配置中的作用，形成以政府办学为主体、公办教育和民办教育共同发展的格局。

公私合作的PPP模式包括向民办学校购买学位、在基础设施建设融资的PPP，“学校基建投入+运行”的捆绑式PPP，以及教育创新企业通过专业性服务外包、委托管理等方式，改善公办学校的教学效率和质量。

在实践中，被委托的机构包括：一是第三方专业机构，如上海浦东区的成功教育咨询中心，受教育局委托管理薄弱的农村学校东沟中学。二是民办教育机构，如温州永嘉县投资4亿元兴建的原瓯北高级中学，委托翔宇教育集团来管理（更名为温州翔宇中学）。三是社会组织，如腾讯基金会与政府合作的深圳明德实验学校。

深圳市福田区政府与腾讯公益慈善基金会合作举办的深圳明德实验学校，是办学体制改革的一个成功案例。这所成立于2013年的十二年一贯制的公立学校，由福田区政府配置学校用地、校舍建设和教学设施设备，每年按生均经费标准拨付教育费用，义务教育阶段学校不收取任何费用。腾讯公益慈善基金会和福田区政府共同成立深圳明德实验教育基金会，为学校的承办主体。明德实验学校实行董事会领导下的校长负责制，享有充分的办学自主权。

（3）开放民间办学，探索互联网时代的新学校、新教育

深化教育领域综合改革的重要任务就是政府转型，建立多元利益主体下新的教育治理结构。政府不是包揽包办，而是简政放权，实行管办评分离，通过委托管理、购买服务、第三方评价，鼓励社会力量兴办教育，开放民间办学，构建一个多样化、丰富性和选择性的教育体制。

中国人自古以来就有很高的兴学办学的热情，当前社会力量参与办学

的积极性仍十分高涨，既包括马云、陈一丹、俞敏洪这样的企业家，施一公这样的科学家，也包括许多高学历的、海外归来的精英人士，创办各种新型的小微学校。在学前教育领域，民办教育的比例已经占到2/3。

但是，他们创办的许多学校、幼儿园至今仍然是非法的。主要问题是过高的办学门槛，阻挡了社会力量进入。现在各类民办学校的注册标准都是极高的。民办小学最低规模为12个班，以每班40人计为480人，注册资金1000万，担保金150万。我们知道农村大量的村小，学生数都在200人以下，岂不是都违法了吗？民办幼儿园也是如此，要求至少4个班及以上、40—100人的规模。只有二三十个孩子就不能举办，这是合理的吗？

世界教育创新的共同趋势，是创办基于互联网的个性化学习的小规模精品学校，校园用地、学生规模、硬件设施等不再是重要因素。在少子化的背景下，我国民间办学、小微学校和幼儿园的标准应当实事求是地大大降低。通过完善立法和监管，使公民自主举办的小微学校和幼儿园，以及“在家上学”合法化。应当像支持小微企业那样鼓励教育创新创业，支持有理想有抱负的校长、老师创办新学校、新教育。这样，很多家长就可以不必把孩子送到国外。

现实中的教育变革，都有一个从不合法变为合法的过程。如同在2013年多哈的世界教育创新峰会上澳大利亚前总理吉拉德谈到的：实质性的教育变革比较容易出现在非主流的教育边缘，甚至出现在体制外。这是因为政府所提供的大一统教育只能做“不错”的事，无法承担创新失败的风险。因而，政府特别需要学习的，是体制内对教育创新有宽容和吸收的弹性，使得体制外的创新能够被接纳、融入正规制度而得以推广。

而在这一方面，台湾的教育改革令人刮目相看。2015年11月，台湾通过了著名的“实验教育三法”，实行教育松绑，把更多办学空间释放给民间。《学校型态实验教育实施条例》批准每个地区可以有5%—10%的公办学校自主办学，为了给学校充分的办学自主权，规定实行实验教育的公办学校在实验范围内，得不适用“国民教育法、高级中等教育法、特殊教育法、私立学校法及其相关法规之规定”，尺度是非常大的。许多过去不合法、被称为“另类学校”“理念学校”的创新学校，如华德福学校、森林小学等，现在都被合法化。第二个是《高级中等以下教育阶段非学校型态实验教育实施条例》，是将“在家上学”合法化。第三个是《公办学校委托私人办学条例》，就是通过委托管理的方式，实行管办分离，委托教育家来办学。

互动对话

钱颖一、陈平原、程介明、石中英

互动对话

主持人：

谢谢石中英教授的精彩演讲，他在教育学领域里主要研究教育哲学，一直倡导教育的民主化，今天的演讲更表明他不仅是一个思考者，更是一个行动者，他把教育民主应用到一个大学的二级学院，取得了很多很好的经验。下面是最精彩的一个环节，就是现场问答。

下面有请钱颖一教授、石中英教授、程介明教授、陈平原教授，掌声欢迎！

现在开始提问。

提问：

各位老师好！我有一个问题想问香港大学的程老师，刚才讲到了教育应该面向未来，然后也提出了很新的理念，然后您说这条路很长，如果不开始走的话，永远到不了，您认为如果我们想走上这条路的话，起点在哪里？

程介明：

每个地方不一样，刚才说的比较悲观一点。乐观一点，其实每个高等教育制度，都在向这个方向摸索，因为整个世界已经不一样了，比如说我们以前自己大学就业，比如土木工程，看土木工程专业的毕业生有多少人对口就业，现在这种概念根本行不通了，除了医学院基本上不会对口的，其他大多数用对口的角度来看，基本上都失守了，比如说法律学院的学生起码1/3、1/4不做与法律有关的工作。工程，我也有点儿意外，大概十年前开始，35%的学生没有做跟工程有关的工作。现在大家慢慢知道了，其实最好的工程师应该是你的毕业生，最好的学生并不一定成为工程师，很多地方都在慢慢地摸索。

提问：

各位老师好！有一个问题想问一下钱颖一教授，刚才提到了大学的内部治理，我想问一下，在大学的外部治理当中，如何发挥社会组织的作用？

钱颖一：

时间关系我只讲内部治理，框架还是很有意思，这是从研究企业里面受到启发。外部治理当然是有很多层，首先是政府，跟政府的关系，这里是一个单独的话题，刚才说了，其实我以我的学院为例，除了政府之外，有很多专业组织，比如商学院联合会，也有MBA教育指导委员会，这种都是外部治理里面的组织，这些都很重要，特别是现代，政府是一条线，除了这个以外还有社会这条线。社会这条线里面包括很多方面，刚才举的例子是商学院联合会，这是行业间的一个组织，经常交流，它对判断你的教学项目会组织一些认证。这是很重要的一个方面，这是外部治理的一个方面。

我们学院还有一个世界很知名的顾问委员会，因为我们是经济管理学院，所以顾问委员会里面有很多是企业家，他们也会给我们的教育提供很多建议等，当然不是社会组织。内部委员会，人员都是社会上的，不仅是中国的，也包括全球的，包括创新创业者，他们也会给我们很多这方面的最新的建议和信息。所以，这个现在看来是非常重要的一个方面。

提问：

钱颖一教授刚才谈到大学治理问题，大多讲公办研究型大学，现在《民办教育促进法》已经修订通过，2017年9月1日开始颁布实施，请问您对中国民办高校、民办大学的内部治理有什么高见？因为民办大学是应用型大学。

钱颖一：

民办大学不一定是应用型，可以是各种型，只是现在多数是应用型，这是一个现状。我刚才专门举了一个例子是美国，美国有私立大学，按照学生人数来讲，更多的是公立大学，它的公立大学是州立大学，除了军校是联邦政府的，其余全是州立的。公立有很多不同的形式。之所以举美国的例子，就是它的外部治理不一样。州立大学，要从州政府获得资金，这个关系和私立大学非常不同。很多研究发现，美国私立大学、州立大学、公立大学内部治理基本上一样，没有本质差别，它的一样就是我刚才说的学术问题上教师说了算。学术的问题，培养方案的制订，教师的提升、招聘等，学术标准的确立由教师治学确定。在中国也是一样，教师有教师学术标准问题，学生有学术标准问题，学生完成什么样课程标准可以毕业，学术问题教师是最有判断力的。但是它是学术标准，至于教师的规模，学科规模，上什么项目，不上什么项目，这是资源配置问题和行政问题，这是通过管理者层级决定，这个不能通过教师投票来决定，跟企业一样，有自己的程序。里面有的是集体委员会决定，有的是最后要有人拍板，根据具体情况，搞过企业的人都知道该怎么做，搞大学学院管理的人也要遵循这里面的规则。

回答你的问题，跟是应用型的还是学术型的还是教学型、研究型大学没有关系，也跟民办还是公办的，我觉得关系也不大。这个框架的好处是让我们知道内部、外部治理上有差别，看问题比较准确，不是放到一起泛泛讨论。

主持人：

我利用主持人特权问一个问题，刚才特别注意到石中英老师说了一句话，对于钱老师的观点，有部分同意，那哪些观点不同意呢？

石中英：

钱老师是经济学家，擅长建模型。模型把我们的世界简单化了。他提出资源配置要走行政化，学术事务要走专业化，两个领域民主化都不适用。钱老师对于学术事务上民主化的有限性，我是同意的。但是，也不表明完全可以没有学术民主，直接回到传统上，学术权威说了算。我不同意的是关于资源配置只能走行政化、不能搞民主化的观点。这两个方面不能对立起来，事实上，民主也是一种行政的方式。谁需要资源，资源怎么配置，通过什么机制来配置，诸如此类的问题如果不从学术的视角来看，没有学者们的参与，单凭行政或管理人员来裁决，其效果未必很好。此外，钱老师的模型讲得很清楚，但在实际的学院管理中，行政和学术很难分得特别清楚。比如学院层面，有没有资源配置问题？这是存在的。学院资源配置问题，教师要不要参与，答案我想不应是否定的。学院层面的资源配置到底是学术问题还是行政问题？恐怕很难说清楚，经常的情况是两者纠缠在一起。我是刚刚卸任部长一职，钱老师在清华也做院长。在院长任上，我们两个到底是学术人员还是行政人员？领导这个学院或学部，是靠行政能力还是学术能力？这些问题比较含混，需要进一步思考。在民主时代，一方面大学作为社会组织，应该体现民主理念；但另外一方面大学作为教育组织，也要考虑民主理念的适用条件问题，不能简单地照搬照抄民主政治的那一套。

钱颖一：

我既是教师又是院长，我的身份是双重的，清华分得还是非常清楚，什么是学术性问题，学术委员会、教授评审委员会，我作为教师就一票，参与学术判断只有一票，二十多人，这个委员会只有一票，没有任何权力。作为院长，作为行政资源配置权重非常大。在美国，院长权重极其大，中国不一样，中国叫党政联席会、院务会，更多通过行政委员会决定，但是行政委员会负责的是校长，向学校负责，但是教师委员会跟学术的这种委员会不一样，这一点清华是整个大学里面分得比较清楚的。很多问题，包括资源配置问题，有些跟学术问题联结在一起，从概念上来讲，还是有必要做一个区分。

我自己做院长和做教师两个决策的时候，很有意识，作为教师，我是一种角色；作为院长，我是另外一种角色。

主持人：

我注意到其实钱老师和石老师两个人努力把自己的不同观点往一块儿拉，表明两人没有分歧，其实我听出来了还是有分歧在。陈平原老师对钱老师和石老师两个人不同的观点，更赞成谁的，或者更不赞成谁的？补充一下，陈老师曾经当过北大中文系的系主任。

陈平原：

我关心的问题跟各位关心的不太一样。学校内部的问题，我认为比较好解决，可一碰到社会这堵大墙，全都垮了。所谓独立办学、民主管理，就这个问题，其实很难落实。前些年我们想通过董事会、顾问委员会等来解决这个问题，其实做不到。回过头来，我们只能在一亩三分地里面，也就是努力在我们的院系内部，营造一个比较良好的氛围。而这，其实无法解决问题。理论上，钱颖一的说法是对的，在院系一级的行政管理上，若过分强调民主化，其实是没办法实行的。什么事情都一人一票，涉及很多个人利益，容易导致拉帮结派，牺牲长远利益，满足当下众人的需求，不利于学术发展。但是，钱颖一的这个思路，取决于院长的选拔机制。这又回到那个问题上。所以，主持人在这个地方挑逗他们两个人斗，是没有意义的。

提问：

我想问石中英教授，关于现在教学改革的问题，现在好像小学三年级之前，不学数学了，对这个问题您怎么看？

石中英：

我第一次听说。哪个地方？

提问：

有的已经开始实施了。

石中英：

这个我回去得补补课。

主持人：

时间有限，先交流到这里，谢谢四位嘉宾。下面进入议题二“家庭和学校：现代教育新思维”，首先有请来自美国的严文蕃教授，他是中国教育三十人论坛的成员，同时，也是美国马萨诸塞大学波士顿分校终身教授、教育领导学系系主任。大家欢迎！

家庭和学校：现代教育新思维

严文蕃

美国马萨诸塞大学波士顿分校终身教授、教育领导学系系主任

科学研究和评价在现代教育治理中的作用

今天的话题是现代教育治理，我想说的是科学研究和评价在教育治理当中的重要作用，特别是大家知道现在提出了管办评分离，还有第三方评价。我想从评价角度来看科研的重要性，以及评价怎么做才是合理的。我打算从评价到底是评什么，评价的目的是什么，然后谁来评，最后怎么评，这几个方面来看，厘清一些误解，更好地理解我们面对的挑战。

历来关于评价目的有两个争论，到底外部还是内部，问责还是发展提高，这是个需要两者平衡的问题。外部问责讲究规律性、控制，内部提高讲究自我评价与改善。外部评价关心的是：是否达到公众期望的标准及专业化水平（问责问题/认证问题）？相关的证据是什么（绩效评估问题）？进步了吗（改善问题）？重点就是问责，其次是绩效评价，当然它也涉及发展问题。内部评价更注重以学生为主体，学生该学什么（目标问题）？学到什么（测量评估问题）？该做什么以促进学生学习（改进问题）？更加注重到底以什么来促进学生学习。近三十年来，评价最明显的一个变化是，由外部逐渐转向内部，由问责逐渐转向以发展为中心。评价机构鼓励自我发展，而不是准备各种评估文件，而待评估专家离开后也就束之高阁了。

谁来评价呢？一种是内部自我评价，另一种是聘请外部人员进行评价（第三方评价）。实际上不是简单的内外，内部也是分两种，即内部人员自我评价和内部专业人员评价。内部人员自我评价最大的问题是什么？即容易缺少客观性，同时评价人员本身的评价能力往往有待提高。内部专业人员，比如各个学区、各个教育局有自己的研究院，或者自己的评价中心，他们基本上研究方法、评价方法是合格的，但问题是评价者依然是局内人。外部第三方评价，在美国最常见的是由大学、专业评估公司组成，作为局外人，这种类型的评价人员结构比较合理，但是服务费高。

是不是完全交给外部就没有问题了呢？美国有一些评价公司出的报告也会出现“伪评价”的问题。伪评价就是没有反映真实情况的评价报告。伪评价存在的问题，主要是由于利益关系造成的。一种是政治利益关系，另一种是形象利益关系。为了更好地理解这种利益关系，我们可以分析一下在评价过程当中的四个利益群体：一个是政策制定者，一个是政策执行者，一个是客户，一个是评价者。制定者有他自己的利益关系，执行者也有他的利益关系，客户也有他的利益关系、感兴趣的东西。第三方评价者也有自己的利益关系，关心自己的职业生涯，关心下次是不是还要他评价，这就造成了他不一定按照实际来做出真实的评价。

评价的价值取向有三种模型：（1）资源/声誉模型——强调财政资源、师资力量、学生成绩、排名等；（2）客户中心模型——学生的满意度、对教师的吸引力、校友反馈等;(3)投资收益模型——强调投资—收益分析,规章制度建设及产出测量,如录取率、毕业率、学位获得持续时间、生均经费等。对于这三种模型,如果按照评价群体来看,各个群体都有自己趋向的一个喜欢的模型。执行者(教师及被认证机构)倾向于接受资源/声誉模型,试图争得更多资源以保证教育有效性;客户(学生与家长)倾向于接受客户中心模型,试图得到所有可能的服务及关注;制定者(官员)倾向于接受投资收益模型,对管理效率、提升产出率及成本控制等感兴趣。第三方评价,在夹缝当中很容易出问题。所以,第三方评价并不是完全公正的,也会出现为迎合某一个利益方的伪评价问题。

怎么评?我想以美国威斯康星大学(University of Wisconsin)的逻辑评价模型为例。最简单的逻辑评价模型包括输入、过程和结果三个部分。细化一下,输入就是项目的干预;过程就是做什么,找谁做;结果包括短期、中期和长期。无论什么结果,都有一个价值观隐藏在里面。什么数据要,什么数据不要,在评价过程当中有一个筛选过程。再详细一些的话,可以把前面三个维度再扩充一下,再分析清楚一些,每个部分都可以建立一些指标体系和变量(见图一)。一个好评价,不仅要有初期结果的证据,还要有中期和长期结果的证据。

逻辑评价模型

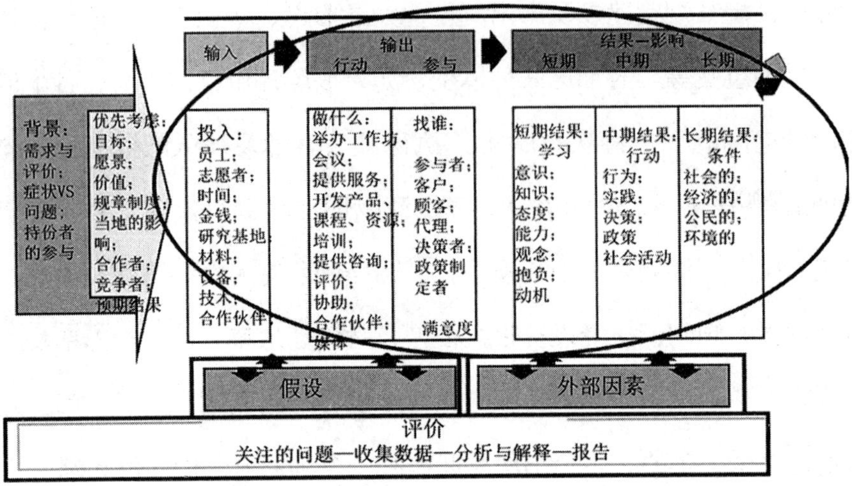

图一

一些传统的大学本科评估就是按照这个模型来做的。比如，评估一个学校办学，第一个看它的输入，就是办学条件变量，包括学生资质（录取、测验分数），教师资质（博士学位比率、排名），资源、师生比、图书拥有量、体育运动设备、生均经费等。评价关心的是大学教育过程中的一些变量，包括学位授予点及授予人数，教学量及班级大小，设备使用率、图书借阅率统计，为学生提供的支持性服务及状况，教学质量及学生对教学的评估，科研成果的评估标准，资源的规划与有效使用等。最感兴趣的还是结果变量，包括学生成绩，授予学位数、毕业率，学生学习与进步，学生及校友的成就，教师发表文章的引用率，教师发表文章数量，研究项目及经费，以及研究成果的社会影响及对经济的促进作用。

21世纪以来，美国国家科学院颁布了一系列关于改进教育质量的研究报告、评价报告。美国国家科学院的全国研究理事会特别提出了指导教育科研的三个基本问题，主要的就是：（1）探寻因果关系；（2）描述发生了什么；（3）解释为什么或怎么发生的（NRC，Scientific Research in Education，2002）。

不管哪个评价模型，评价最核心的就是提供证据。不是拍脑袋，而是以证据为主。什么才是证据？美国教育研究院按照是否用比较、对比的科学研究方法，是否有真正的控制组和实验组，是否是随机，是否是处理一致，是否能复制等标准，提出什么算“证据”，什么算“可能是证据”，什么算根本“没有证据”（见下表）。

	证据	可能是证据	没有证据
对比	在两个或以上组之间进行对比:控制组和实验组	在两个或以上组之间进行对比:控制组和配对组	只有一个组(缺乏控制组或配对组)
随机分配到各组	对象是随机分配到各组	对象是大致随机分配到各组	没做到随机分配
一致的处理	对不同组的处理是一致的	对不同组的处理达到最小的差异	对不同组的处理存在不可接受的差异
多个“地方”进行	在多个“地方”进行	在一个或多于一个“地方”	在一个“地方”

续表

	证据	可能是证据	没有证据
复制	研究可使用相同程序复制(多种情形或多个案例)	研究可重做并得到相同结果，但不是通过完全一致的方式	研究不可复制；仅从一套数据中得出结论
控制	对于实验组和对照组，外部影响因素得到控制	对于实验组和对照组，大多数外部影响因素得到控制	外部影响因素极少或根本没有得到控制，可能干扰研究结果

同样的，联邦资助的机构“有效教育干预信息中心”[What Works Clearinghouse（WWC）]制定了一套关于评价教育实验研究的标准，包括四个方面：（1）研究的质量；（2）研究结果在统计学意义上的显著性；（3）控制组和实验组的均分差异值；（4）研究发现的一致性与创新。根据这些标准，WWC对7000多个美国教育干预进行分析，完全符合标准的只有2%，有保留的2%，参加评审但不符合标准的占13%，实际上70%以上都是不符合标准的，换句话说，大多数教育干预的效果都是缺乏证据的。我们花了很多钱，做了很多干预，结果就像一些美国学者说的，花了上百万买回来的结果只是一个不确定（million dollar maybes）。可能“有效”，也有可能“没有效果”。

为什么会这样？重要原因是教育的复杂性。这个地方有效，换一个地方不一定有效；对这个人有效，再换另外一个人又没有效果了。我们一直解决不了三个问题，为什么work（工作），什么条件下work，怎么work。这使我们想到黑匣子（black box）现象，我们想研究这个黑匣子，想打开黑匣子，但做的实质上是瞎子摸象的事，你摸一把，出一个报告，我摸一把也出一个报告，结果报告结合起来，却依然无法拼凑起来去完整地解释黑匣子。美国学者对这个现象作了个生动的比喻，说我们做的整个事情像在黑暗当中跳舞，我们舞者不管是政策制定者也好，政策执行者也好，政策受益者也好，评价者也好，大家都看不见对方，都在黑暗当中舞蹈，动作都是非常复杂，但是都受环境影响，这是我们的现状（Klemperer，Theisens，Kaiser，2001）。

怎么改变现状？一个改变状况的途径就是加强研究方法上的更新。如果按照研究是不是考虑基本原理、是不是考虑运用这两个维度来分，我们可以有四种研究范式。单纯基础研究，只考虑原理，不考虑应用。单纯应用研究，只考虑应用，不考虑原理。最差的是既没有应用价值，又没有探索原理，就是伪科学、伪评价。最好的，也就是我们最希望采用的研究方法，特别是做评价当中，是既要借助基础研究，又要考虑应用需要。

另一个改变状况的途径就是加强评价专家队伍的建设。有两类专家，一类专家是对于未来的研究和学科的发展产生影响的，另一类专家是对于政策产生影响的。一些大学教授在自己学术圈子里面，研究自己的学问，最感兴趣的是他的学问对未来有什么影响，这批专家对政策影响不大。希望大学教师投入到跟政策、干预、评价有关的这方面研究中来，最好要引发一种相互的学术争鸣。一个有意思的美国例子是以大学为依托的两个中心CRPE（重创公立教育中心）和NEPC（国家教育政策中心）关于特许学校的争论。CRPE发表的研究表明，特许学校对学生数学学业成就有中度积极影响。NEPC的评价则宣称他们的结果证据不足，并提出很多具体的批评。CRPE的研究者则维护其数据及对结果的解释的真实性。美国常常出现的情况是，公开颁布一个报告，紧跟着会出现另外一个报告讲它的不好之处，这样一种学术争鸣氛围的出现会进一步推动该主题的研究往前走。

我很欣赏朱永新倡导的新教育实验的行动研究。只要有行动就会有收获，只要行动起来，我们肯定可以不断地打开黑匣子。美国PDSA（戴明环）行动理论的计划、执行、学习和行动，对干预效果研究提供了一个很好的循环行动研究范例（见图二）。好的行动研究的循环还可以不断地重复这四个步骤（Lingenfelter，2016）。从开发一个新项目开始，按照这个循环，把新项目在不同条件下测试，在不断增加多变条件下再测试，然后长期做下去（见图三）。这样，我们就能真正实现以评价数据促进我们的真正现代化教育治理体系的有效构建。

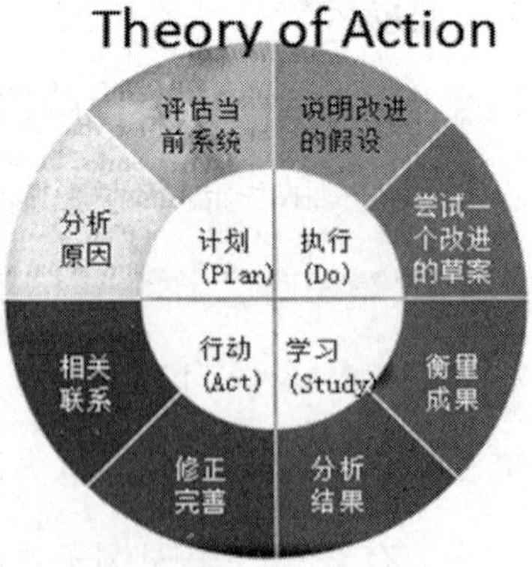

图二

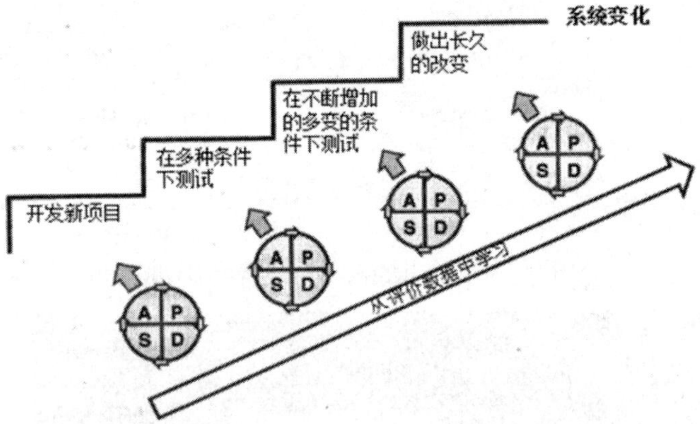

图三

谢谢大家!

参考文献

KLEMPERER A, THEISENS H, KAISER F. Dancing in the dark: The relationship between policy research and policy making in Dutch higher education [J]. Comparative Education Review, 2001, 45(2): 197–219.

LINGENFELTER P. “Proof,” Policy, & Practice: Understanding the Role of Evidence in Improving Education [M]. Sterling: Stylus Publishing LLC, 2016.

李镇西

四川省中学语文特级教师

成都市武侯区新教育实验区办公室负责人

“人”是学校文化的主角

大家上午好!

我接着严文蕃教授演讲，压力比较大。大家听起来也会有很大的落差。因为严文蕃教授是美国的大学教授，而我只是中国一所普通中学的教师。还有刚才的诺贝尔奖获得者莫里斯教授，还有著名经济学家、清华大学的钱颖一教授，北京大学著名的陈平原教授等，我确实压力很大。好在莫里斯教授和钱颖一教授有事离开了，我的压力稍微小一些了。不过，下面还坐着朱永新教授、石中英教授、袁振国教授、项贤明教授、孙云晓先生等等，我还是有些紧张。我就是一个中学教师，没有那么高屋建瓴、高瞻远瞩，我今天就是来讲故事的。

这次论坛的主题是“现代教育治理体系建设”。印发给大家的议程上，我的演讲题目是《学校管理的民主化追求》。这个题目太大，我想把这个话题缩小，谈学校文化。其实“学校文化”的话题也不小，我再缩小到对人的尊重。我想通过几个故事来呈现这个话题，谈谈怎么维护和增强师生的尊严感、成就感、幸福感。

刚才，钱颖一教授谈到民主原则并不能简单地适用于每个领域，我同意这个观点。是的，民主原则不能简单地用于每个领域，但其核心理念——对人的尊重，却可以有不同的呈现。我今天的课件就是照片，就是故事，没有什么文字。

我是2015年卸任校长的，但今天谈学校文化，我还是以成都市武侯实验中学为例。我们学校是地处城郊的涉农学校，88%的学生是当地的失地农民的孩子和进城务工人员的孩子。如果按照一般的重点中学标准，师生的成就感主要来自考清华、北大，我们显然不可能有。当然，我们学校是初中，不直接面对高考；我们也有很多拔尖学生，但生源参差不齐。怎么让孩子有尊严，让老师幸福，这是我要思考的问题。

大家看，这是我们学校的照片，是我拍的。顺便说一下，今天我课件

里的所有照片，除了两张有我的形象之外，全是我拍的。

我们校园里没有标语口号，没有大幅照片，没有领导照片，有的只是葱茏的树木和一群活泼的孩子。这是春天的照片，都是我拍的。

好，大家看，这两个教学楼之间分别有两幅巨幅照片交相辉映。

这张照片是一次体育课我给孩子们抓拍的，蓬勃的气息扑面而来，极富感染力。

我把这张照片放大无数倍，挂在教学楼的墙上，还写了几句话，表达对蓬勃气息的一种感受，青春的气息。

孩子们笑着跑着，向谁扑去呢？他们的对面是我们的老师，这张也是我抓拍的。

我曾经给这张照片也写了几句话，我想说，明媚的笑声是灵魂散发的阳光，心中只有装着阳光，才可能在孩子们面前有那么明媚、灿烂的笑容。

这两张照片象征着我们学校无论民主管理也好、教学改革也好，都指向“人”。这是我在《人民教育》上发表的一篇文章当中的一段话：

> 成都市武侯实验中学是一所不刻意追求特色也不着力打造品牌的学校。不是不要特色、不要品牌，而是不刻意追求、不着力打造。比学校特色更重要的，是孩子的快乐与成长；比学校品牌更珍贵的，是教师的尊严与幸福！

我想尽量让每个老师、每个孩子都有幸福感、快乐感、尊严感、价值感。因此，如果一定要给今天的演讲取一个题目的话，那就是：“人”是学校文化的主角。

一、幸福比优秀更重要

我讲照片上这位老师，就是右边第二位，她叫唐燕。十年前，我刚去武侯实验中学当校长，唐燕老师有一天到我办公室抱怨，说不想当班主任，因为班里的孩子她管不了。她说，这个孩子太顽劣了，迟到、旷课、打架，一批评，还和老师顶撞，动不动就说要跳楼……说着说着，她流泪了。听完唐燕的哭诉，我说："唐燕，恭喜你有了一个科研对象！任何后进生都是科研对象，你跟踪他、研究他、思考他、剖析他，你会成为教育专家的。你试试?"她走了，去"研究"去了，从此不再说"不当班主任"了。

一年后，她回家生孩子，给我留下一本近两万字的孩子的成长故事。这是她每天的跟踪记录，有分析、有思考、有故事、有情节，还有细节，非常生动。后来，我把这段文字收进一本正式出版的书——《每个孩子都是故事》。这是该书首发式上唐燕发言的照片。再后来，她休完产假回到学校，学校便没安排她当班主任了。可期末她找到我说："我还想当班主任！"我问为啥，她说："我现在没有研究对象，心里空啊！"第二学期，唐燕又当上了班主任。

过了几年，我们学校的办公室主任到另外一个学校做副校长，全校老师竞聘办公室主任。她开始没有报名，后来经书记动员，她才勉强报了名。报了名就得参加竞聘，结果她的票数最高。于是她当上了学校办公室主任，自然就不能再当班主任了。后来，教育局也觉得这个年轻人很不错，决定重点培养她，吸收她进了"未来教育家研修班"。这个研修班是专门培养一把手校长的。可过了一段时间，她找到我说："李老师，不行，你得理解我、尊重我，我打算辞去办公室主任，退出'未来教育家研修班'。"我又问她为啥，她说："我就想做班主任！"她还说："你看现在学校哪个班问题最多，我去当这个班的班主任吧！不是我多高尚，也不是我多么有能耐，而是我想研究。”到现在为止，唐燕还是一个普通的班主任，而且几乎没有任何荣誉。如果不是三年前辞去办公室主任，她现在极有可能已经在另外一所学校当副校长了，但是她认为，幸福比优秀更重要。

在我们学校，这样的老师绝不只有唐燕一个。我们的老师都很普通，平时看上去不怎么样，甚至精神可能还有些萎靡不振，但是一到讲台上便神采飞扬，魅力四射。可老师自己并不知道自己在课堂上的形象。于是，我决定抓拍老师们课堂上的风采。

我常常是听课的时候带着相机，抓拍老师上课最传神的瞬间。你们看，这就是我抓拍的老师们的课堂照片。课后，我把这些照片给他们本人看，有的老师很惊讶：“原来我这么帅啊！”“原来我这么美啊！”我把这些照片放大，挂在校园里，整个校园都是老师们青春勃发的工作照，这就是对他们的最大鼓励。所以，在学校，看不到我的一张照片，看不到各级领导视察的照片。因为学生和老师才是学校文化的主角，而不是领导。

这位是蒋长玲老师，是我们学校一位非常普通的老师。2016年5月份，武侯区面向全国搞新教育开放周，她面对全国的老师做了20分钟的演讲，讲她的新教育故事。朱老师当时在下面，感动极了，笑得特别开心。蒋长玲当时这样说：“我并不领先，但是我在行进；我并不优秀，但我很幸福。”

二、尊重孩子，不是口号，是细节

这张照片展示的是我们学校一年一度的体操比赛。有一年，体操比赛过了一个星期，我在校园里巡视早自习。一个小女孩追上来，一本正经地问我：“李老师，上周咱们年级搞体操总决赛，你怎么没看完就走了呢?”我当时特别感动，感动于她在乎我对他们的在乎；同时我也很惭愧，因为我的确中途走了。我给她解释说，当时接到一个电话去开会了，所以没有看完。她若有所思地点头说：“嗯，李老师，我跟你说，在观看表演或者比赛的时候，中途离场是很不礼貌的。”我说我知道了，我下次注意。其实，我当时心里特别惭愧，我不好意思跟她讲，我走的时候，专门给身旁的副局长打了招呼。我说，抱歉，陈局长，我要去开会了。陈局长说没事儿，你去吧。我想，为什么我能跟局长打招呼，却不跟孩子们解释两句表达歉意呢？其实当时只要我对孩子们说这么一句解释并道歉的话，就可以表现出对他们的尊重。可见我心中还是把领导看得重一些。我们常常说

“要尊重人”，我们尊重的不应只是领导，而应尊重每个人。

后来，我把这件事在全校大会上对老师们讲了。我说，我觉得自己还算有民主与平等意识的，但是一不留心还是暴露出对人的不尊重。我希望大家以我这件事为教训，在细节处尊重每一个孩子。

我们把孩子放在心上，孩子们自然会爱我们，爱学校。我给孩子们拍了很多照片，我喜欢拿着相机到处抓拍最感人的镜头。这些照片是怎么拍的？看这一张，我为了取得最佳的视觉冲击力效果，便采用了一种特殊的姿势。什么姿势呢？就这张照片，我刚拍完，后面孩子突然哈哈大笑，笑什么呢？我回头一看，原来体育老师徐悦正拿着手机拍我呢！看，这是徐悦给我拍的照片。

孩子们很多精彩的瞬间被我用相机化作永恒。看，孩子们的课堂照片，多传神，多生动！经过他们的同意，我把这些照片也放大贴在学校墙上。照片中的孩子不一定是“十佳”“三好生”，就是普通的学生。我们是尊重每个孩子，而不只是尊重“十佳”或“三好生”。

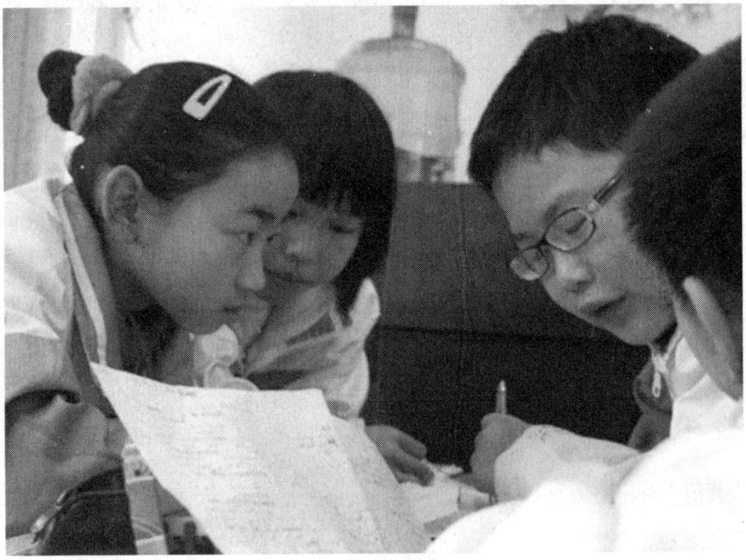

有这样的校园氛围，孩子们很热爱这个学校。这是最近几天我们校园中的情景，特别美丽。孩子们用银杏叶组成各种图案，以这种方式表达对学校的爱。

三、一碗鱼汤：不断传颂的故事

在我们校园开放书吧的柱子上，镌刻着这么一个故事：2009年教师节的中午，邹显慧老师在我旁边吃饭，她说："李校长，我太感动了！我的学生太好了！"我感到奇怪，这个学期她刚接了别人管不了的班，班里有很多差生。9月10日，开学才不到一个星期，她怎么就觉得"学生太好了”？她说：“今天早上，我班上几个特别调皮的男生到农贸市场买了一条鱼，拿回家熬了鱼汤，然后端着这碗鱼汤，左手换右手小心翼翼地送到学校，作为送给我的教师节礼物！”我听了也很感动，便问她：“这鱼汤，你喝没喝？”她说没有，她要等到中午把鱼汤热了之后再端到班上去，让孩子们都尝一口。那天中午，我跟着她去了她的班，为她拍了几张照片。这是她给孩子们喂鱼汤的照片，真是让人感动。现在，邹老师已经退休了，但她这一碗鱼汤的故事至今还在学校流传。这就是“文化”。

（工作人员在台下对着我举牌示意，演讲时间还有“两分钟”了。我只好加快速度，简略地讲下面的故事。）

四、让老师的智慧成为学校的丰碑

我校美术老师杨明，曾对我说想办画展。我跟他开玩笑说："杨明想扬名啊！好的，等机会成熟我一定给你搞个画展。"但是，开美术展的机会始终不成熟，直到后来他带领学生参加陶艺大赛。大赛时，他抽到的题目是"文明的进步"。这个主题很抽象，但杨明老师却以"书的发展"来表现。他的作品有独特的创意，先是竹简，这是最原始的书；然后到字块，活字印刷，传统的纸质书；再到后来是键盘，表示电子读物。通过书的发展来表现"文明的进步"，这个作品获得了特等奖。于是，我将这个作品做成雕塑，放到校园内，成为永久性景点，让杨明扬名，让每个老师的智慧成为自己的丰碑，也成为学校的丰碑。这就是"以人为本"。

五、把学生的名字刻入学校的历史

新校门修好了，这校名谁来写？有老师说由我来写，我说我不合适；又有老师说，那请名人写，我说这当然可以，比如我可以请朱永新老师写，或者请流沙河先生写，都没问题的，但他们写也都不合适。我说："让孩子们写！"于是，我们全校学生都写"成都市武侯实验中学"几个字，最后我们选中了初一（5）班程文迪同学题写的校名，镌刻到校门上。

我特意把程文迪同学请到校门口合影，我对她说：“等你80岁的时候，一定要牵着你的小孙子到这里来，指着校名告诉他，这是奶奶当年在这里读书时留下的字。”

我们学校的附属小学的校名也是五年级的许晴航同学写的。你们看：

“成都市武侯实验中学附属小学”。我想，无论哪位领导人的题词，都不如孩子的字珍贵。因为这是我们的孩子写的。把普通孩子的名字刻入学校的历史，这就是“以人为本”。

六、给学校的未来留下充满人性的温馨记忆

大家看这张照片：在我们学校的后花园里有一个特殊的亭子，这亭子怎么来的呢?

三年前，我校搞了十年校庆。当时，我让老师们、同学们收集了很多物品：钢笔啊，课本啊，教材啊，照片啊，视频啊，还有老师们发表的文章、出版的书，等等。我把这些东西装进几个罐子里，然后埋在地底下。

什么时候启封呢？百年校庆再启封！我们要为90年后的师生留下一份珍贵的原汁原味的“教育现场”。这些东西埋好后，我们在上面建了一座亭子，给未来的师生留一个发掘的标志。我简单写了几句碑文。

校龄十年，历史一瞬。日月同行，风雨兼程。践行常识，恪守良知。师生互爱，亦亲亦敬。教学相长，如切如磋。朴素最美，幸福至上。图文并茂，深埋在此。影像俱佳，珍藏于斯。教书育人，记载今日。传薪续火，勖勉来者。

在埋藏物中有两封信：一封是孩子们写给未来的信，还有一封是我亲笔写给百年校庆的。写的什么呢？已经埋下去了，90年以后就知道了。到时候挖掘这些东西时，欢迎在座各位前去参观。

呵呵，其实，现在就可以给你们看我写的信。因为时间关系，我就不读了，你们自己看看。

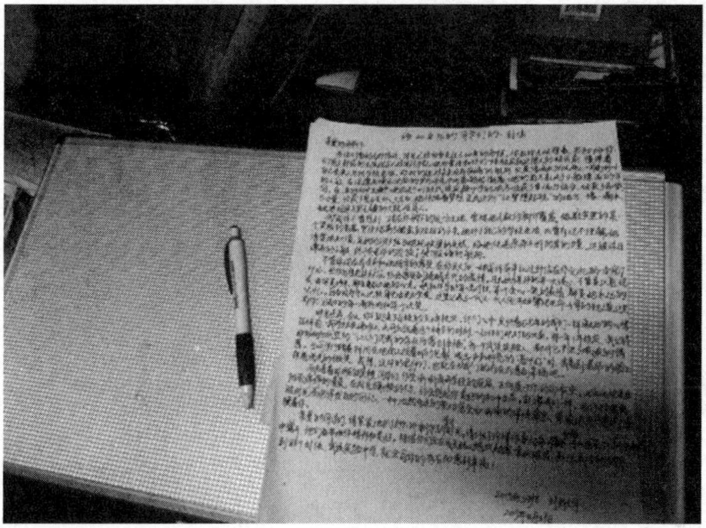

其实，我写信就是为了告诉他们，今天的学校是怎样的，我们的追求是怎样的——

不必用堆叠的荣誉来证明教师的成功，教师的光荣就印刻在历届学生的记忆里！

这就是我们学校的故事，这就是我们学校的文化。我们所做的一切，都是为了践行我们的校训："让人们因我的存在而感到幸福！"

谢谢大家！

汤　敏

国务院参事室参事

友成企业家扶贫基金会常务副理事长

如何改善村小、教学点的教育质量

作为一个以扶贫为宗旨的基金会，友成基金会在教育领域关心的重点是中国的教育公平问题，特别是贫困人群、贫困地区的教育公平问题。从这点出发，我们目前最关注的是农村地区的村小、教学点中的学生与老师。

村小与教学点是中国教育最薄弱环节。尽管经过了大规模的撤校并点，目前在全国范围内还有近12万个村小、教学点，有好几百万的学生在这里学习。仅在湖北省就还有26万多的孩子们在3000多个村小、教学点中学习。贫困地区村小、教学点的数量更大。根据甘肃省教育厅的数据，在甘肃省仅有一个学生的教学点还有219个。学生少于100人的村小、教学点有7892个。这些学校中教育质量较差，师资配置不足、教师年龄偏大。英语、美术、音乐等课程缺乏专业老师更是普遍的现象。

精准扶贫中的重要任务之一就是阻断贫困的代际相传。否则，即使现在完成了精准扶贫的任务，几年后，贫困家庭的下一代成长起来后还会在新的贫困之列，又需要新一轮的扶贫。贫困的代际传递有多种渠道。

其中最重要的原因之一是贫困家庭的下一代得不到高质量的教育。而教育质量的问题，从根本上来说是教师教学水平的问题。村小、教学点一般都处于贫困山区，生活条件十分艰苦，很难留住好的教师。村小、教学点的问题，一直是中国教育中的老大难问题。

最近，我们在湖北咸安看到一个解决村小、教学点教育质量问题的有效方法，令人十分振奋。

在华中师范大学教育信息化协同创新中心王继新教授和左明章教授的研究团队的参与和指导下，湖北咸安通过互联网，通过新的教育手段，解决了我们这些教学点缺乏好的师资，缺乏好的教育资源的问题。他们以县城为中心，将每个中心学校、城市学校，与这些教学点形成一个共同体，一个好学校带两三个村小、教学点，多个教学点连成片，用双轨制的方式来解决。教学点的老师和学生可以通过同步课堂、专递课堂、基于数字资源的课堂等多种形式参与城市优秀教师的授课。农村的学生还能通过互联网与城市学生建立结对关系，互相学习，共同进步。与此同时，他们还在教学点安装了“亲子桥”的设备，让留守儿童可以与家长进行视频通话，这不但能促进他们之间的情感交流，也让家长能够及时地了解孩子的学习和生活动态。

在农村推广教育信息化最大的问题不在于硬件，而在于老师不会用，不爱用。针对这一问题，咸安开展了包括村小、教学点校长和乡镇老师在内的多层次信息化意识与信息化教学能力的培训。通过集中培训、案例探讨、现场观摩、总结反思与课例设计等多种形式，提高了乡村老师的教学水平及利用教育信息化的能力。

这些有效的方式大大提高了老师的教学质量及学生的学习兴趣，很多转到了城里上学的学生又转回教学点来上学了。我们在贫困地区农村学校的调研中看到很多的家庭为了孩子能上好学校，不得不放弃在农村的生活，甚至把土地都撂荒，到城里租一个房子，陪着孩子到城里读书。而试点后的咸安农村教学点学生大幅回流，学生从352人增长到481人，增长了36%。

如果我们教学点也能够得到很好的教育的话，这样就减轻了很多家长非常大的负担，特别是那些贫困家庭和一些收入并不高的中等收入家庭的负担。现在他们还在进一步考虑推动，刚才看到有投影仪、大屏幕，跟上课一样，如果每个学生都有平板电脑，便可以在平板电脑上学习，可以真正做到因材施教，个性化地学习。

咸安的经验给了我们很多启示。首先，现在是要解决村小、教学点的教育质量问题的时候了。2020年要彻底消除绝对贫困，但是如果不去改善村小、教学点的教育质量问题，精准扶贫的任务就不能说是真正地完成了。咸安的经验告诉我们，利用教育信息化的手段，增加少量的投入就能够解决问题。应该把咸安模式在更大范围内推广。

二是城里的优质学校应该要有所担当，把老师的资源动员起来去帮助农村学校。很多地方的优质学校也在支教，但用的是传统的方式，派几个老师下去讲讲示范课，把农村老师请到城里来观摩观摩。这种方式只能说是杯水车薪，略胜于无。优质学校的教学资源是国家的投入、社会的投入，不是这个学校本身的财产，应该部分承担教育扶贫的任务。咸安模式说明，用同步课堂、专递课堂等双师教学的模式，是最直接、最有效的教育扶贫方式。

最后，咸安模式成功经验的基础是领导重视。任何老大难的问题，只要老大真抓都不难。关键在于县领导、县教育局领导的重视，在于保证教育资源能向村小、教学点大幅倾斜，在于建立一套对村小、教学点校长、老师的有效激励机制。

咸安已闯出了一条路，别的地方呢？

孙云晓

中国青少年研究中心家庭教育首席专家、研究员

首都师范大学特聘教授

中国教育学会家庭教育专业委员会常务副理事长

新家庭教育宣言

谢谢各位！中国教育三十人论坛是中国教育界学术水平最高的一个论坛，本届关注到家庭教育，我认为是一个很值得欣慰的事情。应邀来此发言倍感荣幸，我愿谈一些对家庭教育最新的思考。

家庭教育、学校教育和社会教育是现代教育的三大支柱，而家庭教育是对人影响最早、最久、最深远的教育。所以，无论是国家领导人、教育管理部门还是中小学幼儿园都在呼唤家庭教育，全社会对家庭教育的关注在2015年至2016年达到前所未有的高度与强度，成千上万家教育机构和企业都在参与家庭教育的推进。很自然，家庭教育也是教育治理的重要领域。

我们需要清醒地思考一下，家庭教育事业的确取得了巨大的进步，学校创办家长学校和建立家长委员会都是必要的，但是否也存在某些值得警惕的误区？例如，当家庭变成第二课堂，当父母变成老师的助教，当家庭教育变成以文化学习为主的教育，这样的家庭教育有利于人的健康成长还是一种误导？注意，我这里说的是人而不仅仅是孩子，因为家庭教育并非只是对孩子的教育，而是有助于每一个家庭成员的成长与完善。

当代社会发展迅速，网络时代日新月异，对家庭教育不断提出挑战。因此，需要新的家庭教育理论给予引领。也就是说，在新的时代背景下，家庭教育的实践需要新的理论回应，或许可以探究一下，我们是否需要新的家庭教育观。

毫无疑问，家庭教育有独特的规律，是否遵循其规律将决定教育之成败。在进入21世纪的今天，在改革开放的中国，父母与孩子都有许多显著的变化，家庭教育必然具有许多新的特点和规律。因此，现代父母需要新家庭教育观，家庭教育工作者更是需要新家庭教育观，这是家庭教育工作的正确方向与原则的逻辑起点。

那么，究竟什么是新家庭教育观呢？新家庭教育观是关于家庭教育规律与特点的新认识和新方法，是以追求家庭和谐、促进人生幸福与社会进步为核心目标的科学理论。就当下而言，新家庭教育观至少包括以下五方面的主要内容：一是新的家庭观，我们需要捍卫家庭；二是新的儿童观，我们需要尊重儿童的权利；三是新的教育观，我们需要生活教育；四是新的代际关系观，我们需要与孩子一起成长甚至应该向孩子学习；五是新的文化观，我们需要将中外优秀文化融会贯通，提高文化自信。

一、新的家庭观，我们需要捍卫家庭

《孟子》说："天下之本在国，国之本在家，家之本在身。"意思就是，世界是由各国组成的，国是由家庭组成的，家庭是由人组成的。孟子的这句话道出了中国人对家庭的高度重视，也是中国传统文化的巨大优势所在。

2016年12月12日，习近平总书记会见全国文明家庭代表的时候，讲了一段话，讲得非常精辟，他说，中华民族历来重视家庭。中华民族传统家庭美德铭记在中国人的心灵当中，融入到中国人的血脉当中，是支撑中华民族生生不息、薪火相传的重要精神力量，是家庭文明建设宝贵的精神财富。他强调，家庭是社会的细胞，家庭和睦则社会安定，家庭幸福则社会祥和，家庭文明则社会文明。所以我们要认识到千家万户都好，国家才能好，民族才能好。

当今中国家庭教育最突出的问题是一个见仁见智的问题，在我看来，几乎所有问题孩子的背后，都有一个问题家庭。家庭的脆弱、衰落甚至崩溃是最为严重的家庭教育危机。换句话说，就是有太多的家庭没有温暖，没有正常的生活，没有良好的关系，而当家不像家，父母不像父母，孩子就不可能像孩子。比如902万留守儿童的家庭特别是36万无人监护的留守儿童，比如每年几百万离异家庭中那些发生冷战与热战而伤害孩子的家庭，还有近半数家庭父教缺失等问题。

近期上映的电影《我不是潘金莲》，就是反映为了房子和生二胎而假离婚带来的真悲剧，是现实生活的真实写照。关于这一点，我曾写过《家庭崩溃的最大受害者是未成年人》一文，发表在《中国家庭教育蓝皮书（2015）》（2016年10月教育科学出版社出版）。

我呼吁每个人都珍惜自己的家庭，全社会都来支持家庭，国家多出台一些维护家庭建设的法律法规，例如出台《家庭教育法》《父亲法》《儿童福利法》等。媒体不要再宣传那些没有孝心不顾家庭的所谓典型，而要多介绍温馨暖人的美好家庭。有美好家庭才有美好的家庭教育。

二、新的儿童观，我们需要尊重儿童的权利

没有新的儿童观，就不可能有好的家庭教育。中国家庭教育极为突出的问题，就是对儿童的不理解和不尊重。

欧洲的文艺复兴最伟大的贡献是确立了人的中心地位和发现了儿童。如法国思想家卢梭在《爱弥儿》一书中说道:“儿童是人”“儿童是成长中的人”“儿童是儿童”。这简单的三句话，至今依然振聋发聩。

最近成为热点的北京中关村二小的问题，大人争执不休，儿童参与者很少有声音，对于儿童权利无视，是另外一种伤害。其实，儿童才是儿童问题的专家，儿童化解矛盾的能力不亚于成年人。

尊重儿童不是一句空话，而是需要实实在在的法律政策作保障。中国1990年签约联合国的《儿童权利公约》，并于1991年在本国颁布的《未成年人保护法》，确认了儿童或未成年人拥有生存权、发展权、受保护权和参与权，同时确立未成年人受到优先保护和特殊保护。

可是，全国妇联2015年发布的第二次全国家庭教育状况的调研报告显示，《未成年人保护法》《预防未成年人犯罪法》《义务教育法》《儿童权利公约》这些儿童保护的基本法律和文件，父母认真学习过的不足一成。这或许可以佐证，各种各样伤害儿童的案例为何接连发生，依法执教在中

国为什么困难重重，同时可以说明，普及儿童保护的基本法律和文件精神是多么迫不及待，教育治理是多么刻不容缓。

新的儿童观至少需要确立对于童年的五个认识：一是童年影响一生；二是儿童是具有巨大潜力和希望的人；三是儿童是具有个性差异并需要尊重的人；四是儿童虽然弱小也是一个权利主体；五是儿童是受到特殊保护的人。

可以说，树立新的儿童观，尊重儿童权利，这是新家庭教育观最重要的基石。

三、新的教育观，我们需要生活教育

我在中国青少年研究中心工作近三十年，几乎年年都在做中小学生状况调查，发现一个规律性的数据，即多数学生认为，家庭与学校最看重的是他们的学习成绩。我在与广大父母交流时，发现他们焦虑的情绪可以用一句话来概括，即告诉孩子：只要你把学习搞好了，别的什么都不用你管。我完全理解父母们的无奈，但这句话非常可怕，因为这是反生活教育的宣言！这样的所谓教育是无法成功更无法幸福的，必定是对孩子的摧残，也是对父母和老师的折磨。全国妇联的调查显示，“辅导孩子学习力不从心”的父母占40%。

我们倡导的新家庭教育观，就是要学习和实践著名教育家陶行知的生活教育理论，把反生活的教育改变为爱生活、会生活的教育。实际上，生活教育是父母们最擅长、最便捷、最长久的教育，也是孩子最需要、最适合、最欢迎的教育。脑科学和心理学的研究早已经证明，生活教育与知识教育不是对立的，而是相辅相成、相互促进的。美国心理学会前主席斯腾伯格教授提出，分析性、实践性和创造性为三大成功智力，而三大智力的培养都离不开生活教育。

四、新的代际关系观，我们需要与孩子一起成长甚至应该向孩子学习

当代中国已进入信息化时代，而信息化动摇了父母的权威地位。据全国妇联调查，父母在互联网应用方面不具优势，坦承“孩子比我强”“孩子跟我不相上下”的超过六成。可以说，没有任何时代的父母像今天这样需要学习，需要与孩子一起成长。

在变化迅猛的时代，理智的亲子关系趋向于相互学习，共同成长。儿童长大的过程是社会化的过程，以前主要是成年人化孩子，而今天孩子也有能力化成年人。今日中国出现了双向社会化的特征，“三娘”可以教子，子也可以教“三娘”，两代人均以能者为师。对于父母来说，需要调整好心态，欣然向孩子学习。

早在1997年，中国青少年研究中心就成立了“向孩子学习”课题组，我与康丽颖教授主持，就儿童在社会化过程中对成人世界的影响进行了大型调查研究。

研究发现，当代中小学生具有10个方面的优秀品质，如乐于接受新事物和新思想、主体意识和平等意识强、法律意识和自我保护意识强、积极参与社会生活、有较强的公民意识、比成年人更容易接受环保意识、相信事实、做事认真、积极的休闲态度、兴趣爱好广泛等。这些优秀品质已经在影响成年人。

近二十年过去，一代代儿童在社会化过程中对成人世界的影响不仅在继续，而且在加大加深。即使在家庭教育方面，多少孩子在提醒父母应该怎样教育自己，这些提醒往往是正确的，是符合儿童身心发展需要的。这种两代人相互学习共同成长的动人景象，成为新家庭教育观鲜明的时代特征。

五、新的文化观，我们需要将中外优秀文化融会贯通，提高文化自信

教育的深层是文化。曾任美国总统的尼克松在其《不战而胜》一书中公然宣称："当有一天，中国的年轻人不再相信他们老祖宗的教导和他们的传统文化，美国就不战而胜了。"从这个预言可以看出，西方敌对势力一个极为重要的战略目标就是摧毁中国的传统文化。换句话说，优良的传统文化是中国崛起和不断强大极为重要的力量源泉。

从中国与西方文化比较的角度会发现，在家庭建设与家庭教育方面，中国拥有举世罕见的丰富资源，如几千年传承下来的儒释道的哲学思想，如富有真知灼见的家训文化，如近现代众多教育家的教育探索，都足以让我们具有独特的教育优势和高度的文化自信。如习近平总书记所说，不忘本来，吸收外来，面向未来。新家庭教育观主张，在文化自信的基础上，积极吸收西方文化中发现儿童、尊重儿童权利、培养人的独立性和创造性等优点，我们将发展出更加生机勃勃的家庭教育。

当然，新家庭教育观还有许多有待于探索的方面，例如新的学习观、新的成功观、新的哲学观、新的家校合作观，还有变消极的教育为积极的教育、变失败的教育为成功的教育、变单调乏味的教育为丰富多彩的教育、变极端的教育为平衡的教育，等等。

总之，富有创新性的新家庭教育观将为教育治理提供新的思路，将为家庭教育事业注入新的活力，将成为家庭和谐与人生幸福和社会进步的理论基础，而首先应成为广大父母与教师特别是家庭教育工作者新的导航系统。

提高现代教育治理能力

徐　辉

全国政协常委、副秘书长

民盟中央副主席

国家教育咨询委员会委员

提升我国教育治理能力的三个关键性问题

今天上午论坛开幕式致辞的时候，我说过我们这个论坛最大的特点是跨界，而跨界最大特点是话题转换很快。我很佩服今天这么多参加论坛的听众，能够保持注意力认真听讲。参加这样的论坛是非常累的，我自己听下来就觉得很累，演讲者话题跨域度非常大，要紧跟主题理解演讲内容很不容易。现在我想围绕论坛确定的主要议题，谈谈对提高现代教育治理能力的一些看法。

提升教育治理能力这个话题，不同的学者会有不同的看法。问任何一个在座教授，他都可以对提升现代教育治理能力提出几个关键性问题，观点肯定很不一样。我在这里也想贡献一些我的看法，以期推动这个话题的深入讨论。

我认为教育治理有三个维度，即国家治理、社会治理、学校治理。时间所限，我想在这三个维度里面，从每个维度提出一个关键性问题加以分析，突出重点。

先谈谈国家治理。国家治理还可以细分，有法律体系、行政体系和监督体系的治理。法律体系对教育治理的重要性不言而喻，国家治理要实现法治，比较完备的法律体系是重要基础，改革开放以来，国家一直在不断推进这方面的工作。行政体系对教育治理起关键作用，它是国家决策力和执行力的主体，教育主管部门的治理能力水平如何，直接关系到教育发展的速度与质量。除了法律体系和行政体系之外，监督体系对教育治理的重要性也不可忽视，无论是体制内的监督力量还是更广义的民主监督，对提升教育治理能力都起到十分重要的监督作用。英国的皇家督学是这方面一个很好的例子。

虽然国家治理体系有共性的要素，但我觉得因为国情不同，关注民族和国家自身的特点尤为重要。国家治理当中如何发挥自身的体制优势、文化优势、社会优势，是有待深入研究的重要问题。例如在座的香港大学教授程介明先生告诉我，国际社会中存在一种“筷子文化”，这些使用筷子作为重要餐具的国家表现出许多共同的文化特点，例如对学校教育的高度重视。这就是文化因素对教育治理的重要意义。我今天只想抽取国家治理能力当中一个关键性问题来讨论，即如何更好地发挥国家的体制优势，这个问题在当下具有重要的特殊意义。

近些年来，国际上关于中国国家治理的体制优势有很多讨论，也有许多争论。我认为，我们的体制优势，“集中力量办大事”的能力优势，对国家建设和发展特别重要。数以亿计的人口在短短几十年时间能够脱贫，汶川地震灾区能够快速重建，航天和高铁事业能够迅速发展，没有我们的体制优势是无法做到的。在教育领域，也有许多例子。例如，西藏几十年前还是一个农奴社会，社会生产力很不发达，教育程度低，文盲比例高，民主改革后一步跨入社会主义社会，现在已经普及义务教育，并且率先在全国实现15年免费教育，青少年文盲率降低到0.52%，如果没有我们国家的体制优势，这一切很难做到。再重复一遍，相比周边一些发展中大国，中国的文盲人数为什么消除得那么快，中国的贫困人口为什么消除得那么快，体制优势，集中力量办大事的能力是关键。

大家可以在互联网上搜索一下《湖北省教育精准扶贫行动计划（2015—2019年）作战图》。它生动地表明，我们的体制优势不仅表现在国家层面，也表现在区域和地方层面。可以看到湖北省为了解决教育精准扶贫的问题，制订了多么详细的计划，精确到每一个地市，精确到具体多少人。像这样的事情不仅湖北在做，全国各地尤其是精准脱贫任务繁重的省区都在做。这是体制优势在地方发展中的生动体现。我相信到2020年，通过教育途径实现精准扶贫，解决一千万孩子培训就业的目标，能够得到实现。

现在我们的体制优势不是说没有问题，没有挑战。下面这张照片很有名，说的是四川省凉山州悬崖村孩子读书条件的改善。孩子们原来一直顺着悬崖攀爬17条藤梯外出读书，现在已经改为攀行钢筋结构梯道外出读书。坦率地讲，这个改进非常重要，提高了村民外出和孩子读书的安全性，但这远远不够。这个例子不过是想说明，需要我们发挥体制优势去解决的问题还很多。体制优势本身也包括各种要素和方面，比如财力问题，中央财力是不是应该进一步增加，地方财力如何进一步增强，中央和地方财权、事权如何科学划定，等等。体制优势面临的许多问题如果得不到很好解决，发挥体制优势就会变得越来越难。这是我讲的第一个大问题。

第二个大问题涉及社会治理层面，面临的挑战也很多，如教育社会投入问题、终身学习问题、社会热点难点问题等。在此我重点谈谈全社会如何优化终身学习环境这一大问题。我们这个国家要把人口负担转变成人口资源，最重要的途径是发展教育，不光是正规教育，非正规教育和非正式学习也很重要。现在人人都知道终身教育和终身学习，但义务教育或正规学校教育结束之后，究竟还有多少人有机会、有能力、有愿望接受继续教育？实际情况可能很不乐观。我到过很多单位，很多企业，很多学校，问过很多人同一个问题，离开学校后你有机会接受继续教育或培训吗？大多数人的回答是否定的。相比之下，公务员、医生和教师的继续教育做得是比较好的，企业员工、农民工、农民、自谋职业者的继续教育与培训就差得很远。建设学习型社会，不应只是少数人的事，而应该形成一种良好的社会环境与机制，有利于鼓励和推动真正意义上的全民学习，让学习者有愿望、有条件、有能力接受终身教育与培训。这个问题解决好了，教育的社会治理水平将大大提高。北欧国家在这方面提供了许多有益经验。

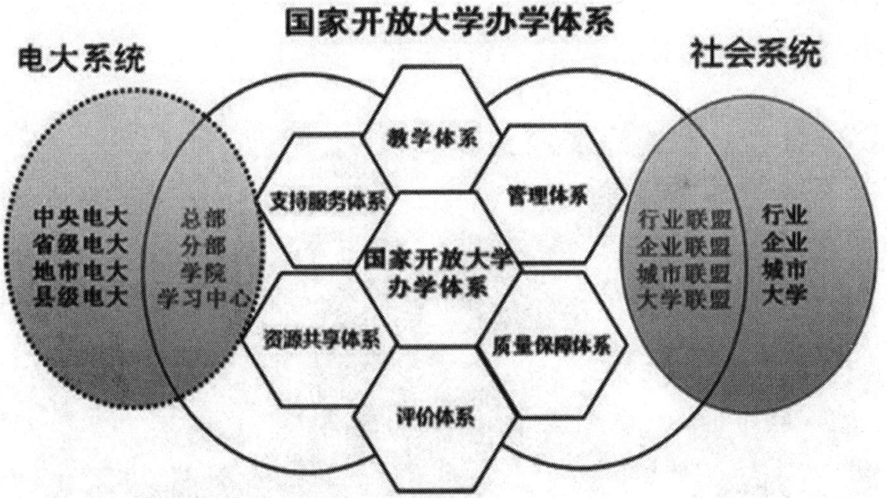

上图是国家开放大学办学体系示意图。长久以来，我不仅非常关注国家开放大学的发展，也呼吁各方努力支持国家开放大学建设。因为推动全民终身学习要有载体，国家开放大学以其独特的职能和完备的体系，能够在推动学习型社会建设方面发挥非常重要的作用。现在许多人还不太了解、不太关心国家开放大学建设，不知道它的资源优势和发展潜力，不知道国家开放大学通过行业、企业、城市和大学联盟，以及和中央、省级、地市级和县级电大的紧密联系，不知道国家开放大学能够整合各种教育资源和社会资源，为社会各行各业发展继续教育和终身学习提供很好的平台，这种局面应该加以改变。很多人告诉我英国开放大学如何如何优秀，如果中国有一所知名度同样高、社会影响力同样大、教学水平同样高的开放大学，对推进全民学习不同样是一件好事吗？如果有各方支持和其自身努力，这件事是可以做到的。

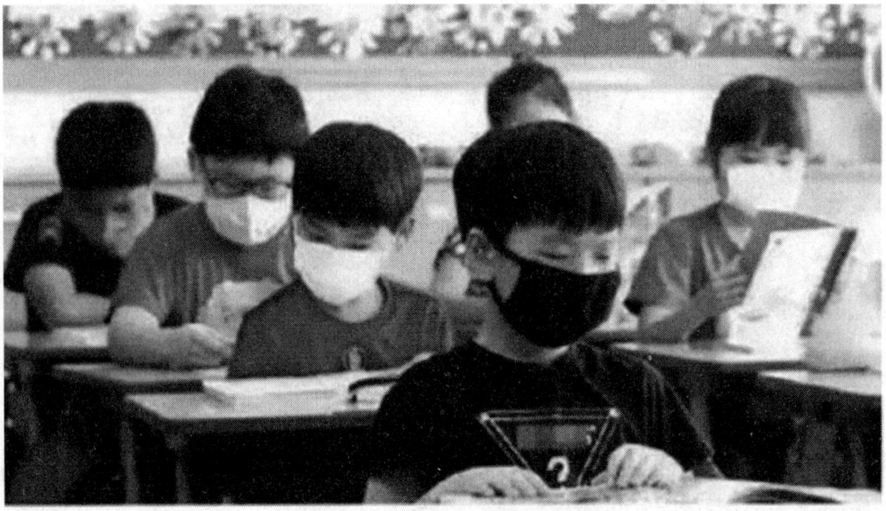

最后谈谈第三个大问题，即学校治理问题。学校治理也涉及许多方面，如依法自主办学、多元评价、模式创新等。今天我只讲一个问题，也就是如何提高学校依法自主办学能力的问题。中国学校治理方面最大的不足，是缺乏真正能够依法自主办学的能力。中小学不能自主选择教材，也许有我们的理由，但在许多发达国家，中小学依法自主选择教材的做法很普遍。再举一个例子，这两天北京发布“空气重污染红色预警”，并相应采取一系列管制措施。这是必要的，大家都能够理解。但面对雾霾天气到底应该如上图所示，在学校学习还是放假回家？学校面临的具体情况可能不大相同。到底应该由学校自主决定，还是应该由教育行政部门统一作出决定，大家的看法并不完全相同。我认为这只是一个具体例子，要提升学校治理能力，依法自主决策和自我管理十分重要。学校面对自己的特殊环境，遇到各种特殊事件甚至灾害灾难，不能坐等上级通知，必须有能力自主决策，自行应对。在更高级的层面上说，我们的学校在教育教学模式创新、特色课程选择与创新、人事资源优化配置、推行“三个面向”等方面，应该享有更多的依法自主办学的权利，否则提高学校治理能力，增强办学活力就会变成一句空话。

最后，我作一个简单总结：第一，应发挥国家体制优势，继续增强教育领域集中力量办大事的能力；第二，改善国家政策和社会环境，增强建设学习型社会的社会动力；第三，依法自主办学，增强学校适应自身发展和社会需求的活力和能力。

谢谢！

朱永新

全国政协常委、副秘书长

民进中央副主席

中国教育学会副会长

新教育实验发起人

教育治理应该汲取民间智慧

治理体系和治理能力现代化，既是国家改革的总目标，也是各领域改革的总要求。推进教育治理体系和治理能力现代化，是中国教育走向现代化的关键。而推进教育治理现代化的关键无疑是民主与法治。以教育治理的民主化，激活教育主体，引发教育主体的创造性；以教育治理的法治化，明确教育职责，健全教育治理，规范教育秩序。从当务之急来看，主要是简政放权与管办评分离。

在2015年的三十人论坛上，我曾经就简政放权问题作过分析。今天，我想从分析两个教育决策案例着手，总结一下我国教育政策制定的经验教训，就教育决策的体系与过程的民主化、法治化谈一些建议。

平心而论，改革开放以来，我国教育事业发展非常快，出台了许多科学严谨的教育政策。在最短的时间内实现了义务教育全普及，高等教育大众化。但应该承认，也有不少政策是比较仓促出台的，并没有取得非常显著的效果。究其原因，教育政策制定的成功与失败，与过程中是否缺少民主程序与法治意识有关。

我个人认为，改革开放以来，教育政策制定过程相对比较成功的案例，是《国家中长期教育改革和发展规划纲要（2010—2020年）》（以下简称《纲要》）的决策过程。这就是一个问计于民、开放式的有益尝试。

《纲要》明确提出了国家的教育指导思想与工作方针、战略目标与战略主题，并且对各级各类教育的发展、体制改革等问题做了全面的部署，提出了优先发展、育人为本、改革创新、促进公平、提高质量的重要方针。应该说，《纲要》虽然也有不够完善之处，但总的来说，这是一个高水平的政策文件，与《纲要》制定过程的严谨规范、开放民主是分不开的。

《纲要》的制定，经过了调查研究、起草论证、公开征求意见三个阶段。组织各地、有关部门、学校、社会团体等广泛参与，两次在网上向全社会公开征求意见，动员人力之多、覆盖范围之广、社会参与度之高，无论是在我国制定规划的历史上，还是在我国教育政策制定的历史上，都是非常少见的，达到了广聚民意民智、凝聚共识的目的。

在研制过程中有数千名专家和各方人士参与调研，近3万人次参与座谈和研讨，形成500多万字调研报告，通过各种渠道发表意见和建议210多万条。我本人就参加了温家宝同志主持召开的一次座谈会以及教育行政部门组织的多次专家研讨会。记得当时我就建议，从这次《纲要》的制定开始，国家要努力形成一个符合中国国情的教育决策的科学程序，形成一个问计于民的教育决策传统，从少数人决策走向民主决策，从简单程序决策走向规范程序决策。一些重要的决策，应该有一个小规模的试验过程。教育是慢的艺术，急不得、躁不得，与其朝令夕改，不如耐心完善。

可惜的是，我们发现目前部分教育政策制定的过程中仍然有随意性的情况。如《纲要》中提出的“十三五”期间学前教育的普及目标是到2020年达到70%，这是一个比较合理的目标。但是《纲要》发布不久，我们提出了学前教育的两个行动计划，就修改为到2016年完成75%的学前三年普及计划。即将出台的第三期行动计划，将进一步提高到85%的目标，超过了《纲要》规定的目标15%。应该说，把学前教育作为惠民生的重要领域，出发点是好的。但是，我们准备好了吗？现在学前教育的教师70%没有资格证书，鼓励社会力量举办普惠性幼儿园的政策措施也跟不上，需要认真研究。学前教育作为惠民生的重要手段，让西部地区和农村的孩子们接受教育，这是好事。但是那么短的时间内，那么大的普及力度，可能有点不切实际，还是要尊重教育发展的内在规律。

再如，前不久全国九部门共同印发了《关于指导推进家庭教育的五年规划（2016—2020年）》（以下简称《规划》）。

毋庸置疑，这个《规划》对于推动我国家庭教育的出发点是好的。《规划》强调家庭教育本身，符合教育的内在规律。家庭教育的意义绝不亚于学校教育，当一个孩子来学校时其实已经是半成品了，其认知风格、行为习惯、个性特征已经初步形成。习近平同志近两年也多次强调家庭教育的重要性，强调把家风建设摆在重要位置。长期以来，我们对于家庭教育与幼儿教育的关注是不够的。

但是，作为一个国家的家庭教育五年规划，制定过程缺少了科学规范的程序，对目标实现的路径与困难论证也是不够的。

我是中国教育学会家庭教育专业委员会的理事长，也是新家庭教育研究院的名誉院长，近年来我们召开了两次家庭教育国际论坛，编写出版了《中国家庭教育蓝皮书》和“中国家庭教育文库”，正在组织专家编写从孕期开始每年一册的新父母读本。但是，在制定这个五年规划的过程中，我没有参加过任何部门组织的研究和论证会议。

比如《规划》提出，“十三五”期间要建立健全家庭教育公共服务网络，要普遍建立家长学校或家庭教育指导服务站点，城市社区达到90%，农村社区（村）达到80%。在50%的城市社区和有条件的农村社区（村），家庭教育指导服务站点引入专业社会工作者。

仅从我了解的情况来看，我国家庭教育的基础本来就非常薄弱，且不谈农村，哪怕在城市，要在四年内为50%的城市社区家庭教育指导服务站点引入专业社会工作者，以及要求90%的城市和80%的农村中小学、幼儿园、中等职业学校建立家长学校，这些目标在短期内是难以实现的，即使所有的教育学院和社会学系开足马力，也不可能培养出如此众多的专业工作者。

教育政策如何更好地汲取民间智慧？有以下几点建议：

第一，加强国家教育数据库建设。

现在我们赖以决策的教育数据基础薄弱，统计口径不一。许多问题心中无数，如前不久央视报道某省的童工，一个村就走出去一二十个14—18岁的孩子。全国到底有多少童工？谁能够说得清楚？前两年说我国农村留守儿童是6000多万，今年一下子就降到了902万。谁能够提供权威数据？

发达国家一般都非常重视教育基础数据信息库的建设。如美国国家教育统计中心（NCES）是一个集教育信息管理、科学研究、决策支持、社会服务于一体的教育信息管理综合联合体。

NCES的数据与信息都是公开的，在他们的官方网站上，任何人都可以查询到美国学校的基本信息。这既有效防止了数据造假，更防止了教育信息的不对称。既为研究人员提供了可靠的基础数据，也为行政部门与研究人员、社会公众思考教育问题提供了一致的信息。

许多国家为了保证教育数据的可靠性，还通过立法和质量控制体系加以保障。如1994年美国颁布了《教育统计法》，英国的高等教育统计采用ISO9001和ISO27001质量管理标准，对教育数据采集进行全过程的监控和认证。

目前，我国教育数据没有一家权威机构归口管理，教育部有教育管理信息中心和设立在北京师范大学的国家基础教育质量监测中心等机构，但是这些机构的信息基本没有向社会公开，信息不对称的问题，基础教育信息缺乏的问题，各种教育信息彼此矛盾的问题等比较普遍。

第二，加强教育决策咨询机构的建设。

作为咨询机构的智囊系统是决策民主化的制度安排。目前，我们所有的政策制定基本上都是政府主导，全过程参与，其实这不是最好的教育决策系统，不是效率最高的路线。我们国家有一个教育咨询委员会，在座好几位都是委员，坦率地说，基本上以行政官员为主体，单位推荐，一个单位一个名额。这样一套体系，决策过程很难真正汲取民间智慧。

建议可用三种方式，组建我们的教育决策咨询机构。

第一种是政府自办的相关教育决策咨询机构，政府投入专门人力物力，进行专业研究，为相关决策提供权威参考。国家教育科学研究院和教育部教育发展中心就属于这类机构。

第二种可以是政府采用任命、委托、招标等方式，组建以专家学者为主体的教育咨询专门委员会，规定其使命与任务，限定其工作时间，然后由委员会在其主任的领导下独立地完成指定工作。主要的功能是审议重要的国家教育政策，或者研制重要的教育法律法规。西方国家普遍存在一些经政府部门授权的教育改革专门委员会。咨询机构的人员具有广泛的代表性，除了教育领域的专家，还经常有经济、文化等各界的专家，有教师、学生和父母代表参加。提交的研究报告经常以领衔专家的名字命名。政府或教育行政部门有权力对报告及其结论进行审查、取舍、修正补充，当然也可以搁置。

第三种是民间自办的相关机构，即专家学者自发自主地积极参与到政策制定过程中，主动发挥自己的作用。他们在政治上与中央保持高度一致，但在学术上保持独立思考，坚持真理，深入探索。我们国家经济学界比较活跃。中国教育三十人论坛发起的时候，借鉴了中国经济五十人论坛的做法。经济学界影响经济决策的能力很强，但教育学界的专家基本上影响不了决策。所以，我们觉得应该通过各种各样的方式让更多的有独立思考能力、坚持真理、勇于探索的人进入决策系统，这类机构使命在一定程度上就是唱反调、挑刺，因为一个好的政策往往需要听取反面的观点、不同的意见和批评的声音。

第三，建立重大教育政策决策的听证制度。

教育政策的出台必须听取广大民众的声音，听取他们的利益诉求，特别是政策直接利益相关群体的意愿与需求，并作出适时、适宜的调整，以避免该项政策对教育、对社会带来不利的影响与冲击。必要的情况下，应该通过媒体广泛征求意见。2004年，国家发展改革委员会和教育部联合发布了《关于建立和完善教育收费决策听证制度的通知》，对教育收费的听证做了制度性安排，但是十多年来效果如何也不太清楚。建议对国家教育立法、国家重要教育规划等重大教育政策，建立听证制度。

各位同仁，中国共产党十八届三中全会已经明确提出全面深化改革的总目标，是完善和发展中国特色社会主义制度，推进国家治理体系和治理能力现代化。前不久，习近平同志在主持中共中央政治局第三十七次集体学习时，再次强调和重申了这个主题。

围绕这一主题，要想提高我们的教育治理水平，就需要提高教育决策的科学水平，最大限度地调动全社会的资源关注和参与教育，最大限度地汲取民间智慧。

民间是智慧的源头活水。当我们真正问计于民，就会发现方法总比困难多，中国教育就能在全面深化改革的目标指引下，大步走向现代化。

谢谢大家！

袁振国

华东师范大学终身教授

国家督学

中国教育学会副会长

办可选择的教育

今天我们这个论坛讨论的主题是关于建立现代教育治理体系。为什么要建立现代教育治理体系呢？建到什么程度算是建成呢？我想从一个可操作、可检验的角度回答这个问题，就是办可选择的教育。如果一种教育是不能够选择的，一切都是既定的、唯一的、一统的，这个谈不上现代的教育治理体系。教育可以自由选择了，现代教育治理体系就建成了。因为教育要可选择，学校就需要有足够的丰富多样性，有足够的办学自主权和自由度，社会有足够的包容性，同时政府有足够的监管能力和保障机制，保证优胜劣汰而非劣币驱除良币，学生可以有个性的、自由的充分发展。

丰富多样性是世界的本来面貌，也是社会发展的必要条件。如果世界都一样了，这个世界也就死了。

请大家看下面的这组图片：因为有辽阔的天空才有苍鹰的翱翔，因为有浩瀚的大海才有鲸鱼的腾跃，因为有茂密的丛林才有雄狮的呼啸，因为有广阔的草原才有骏马的奔腾——可选择是生物多样性的本质要求。

请大家再看下面这组图片：历史几千年，环球几万里，有叱咤风云的六国封相，也有鸡鸣狗盗之徒；有努力争取脱欧，把自己称为“政治动物”的英国保守党领袖，也有身在朝廷对政治毫无兴趣的“吃货”；有令人敬仰的科学家，也有智障指挥家；有工作狂职业经理，也有奉闲云野鹤为生活旨趣的“仙人”，这才有了大千世界，芸芸众生——可选择是人类多样性的本质要求。

再看这张图片：有一种心理学理论叫多元智能理论，美国心理学家加德勒经过研究发现，人的心理能力由若干要素构成，而这些要素是相互独立的，有些人擅长音乐，有些人擅长语言，有些人擅长逻辑思维，等等。他发现人类心理智能主要由七种要素构成（后来他又补充了一种），虽然这一理论还在完善之中，但它与人们的经验性感觉是一致的，并且比经验性感觉更精细、更完备。在生活中我们不难发现，有些人思维缜密、对数字十分敏感，有些人擅长吹拉弹唱、样样精通，有些人思维流畅、文采飞扬，但要全知全能却很难得。比如语文能力也分听说读写，有些人很善于倾听，但是说不好；有些人口吐莲花，但是写不好；有些人妙笔连珠，但是不善于说；也有些人听说读写都很好，所以听说读写这四种能力是相互独立的。后来法国医生布鲁卡发现在人的大脑中存在与听说读写相对应的功能区，找到了生理依据，医学上称为布鲁卡区——可以选择是个性化的本质要求。

总之，办可选择的学校是社会充分发展、个人充分发展的本质要求。

从外部关系说，可选择的教育，首先是一种权利，是每个人的基本权利。以前曾经有一段时间上大学是有身份限制的，规定有些人不能上大学，比如“地富反坏右分子及其子女”不能上大学，这就是剥夺了一部分人的基本权利；现在有的时候要求不能择校，用电脑来派位，说起来是很现代化的名词，其实和用“石头剪子布”的办法来决策没有什么两样。两三个人用“石头剪子布”的办法决定取舍，人多了怎么办？——电脑派位，这是很多人的“石头剪子布”。事关人生甚至终身，依靠“石头剪子布”的办法来决定，不是太滑稽了吗？人的基本权利被偶然性剥夺了。

第二是一种规则。权利是一种抽象的存在，因为资源有限，每个人实现自己权利的空间有限，怎样能使权利得到保障，又能够在有限资源背景下合理分配呢？这就要有规则。高考是一种规则。人人都希望上大学，人人都希望上好大学，但是不可能。所以就有了考试，即在机会面前人人平等，人人有参加考试的权利，考上了是你的本事，考不上我也认了，这就是规则。大家觉得高考是合理的，尽管有很多问题，但是到目前为止是最合理的一个办法。许多竞争性领域为什么乱象丛生，就是因为没有合理的规则。

第三需要创新机制。规则是一种限制，怎么才能尽可能地实现人的选择权利呢？规则不是一成不变的，要通过机制创新为人的权利最大限度地满足创造条件。超市是一大发明，被称之为是近一百年来的一百项最伟大的发明之一。超市不仅是一种供需之间的完美配合，极大地满足了人们的选择性的需要，而且是一种非常民主的、尊重人格的销售方式。在超市里面，不管是总统还是平民，不管是将军还是士兵，货架对每一个人都是一样的公平，童叟无欺，不会嘲笑你，也不会讨好你，更不会给你脸色看。超市就是在买卖公平的规则下找到的一种高效、人性的商业销售模式。可选择的教育同样需要制度创新、机制创新，找到好的办法、好的模式，增加教育的可选择性。

第四需要有效工具。很多愿望的出发点是好的，但由于缺乏好的工具，好的愿望就不一定能如愿实现。这是一个专业化水平高低的问题，也是一个科学决策的问题。比如在新高考方案中增加了综合素质评价的内容，对于改进人才培养、选拔优秀人才初衷来说，无疑是好的，但如果没有适合的评价工具就可能鸡飞蛋打。对于学科知识的测量，我们经过几十年、几百年的经验积累探索，已经相对成熟了，但对于综合素质评价，还没有良好的工具，在没有适合工具的情况下进行选择、进行区分就可能很盲目或者张冠李戴。这是教育研究的任务，需要提高教育研究的专业化水平。对于教育决策来说，科学有效的工具研制，是政策有效实施的必要保证。

从内部关系说，要实现选择的权利首先要增加选择的机会，要加快学校的发展，做大蛋糕；其次要促进学校丰富多样，千校一面，便无可选择，学校再多，选择权利也还是会落空。要想有丰富多样的学校，关键在于放权，办学自主，没有办学权利哪来丰富多样的学校？民办学校和公办学校，普通学校和职业学校，政府学校和家庭学校，中国学校和合作办学……都能有平等的发展空间，才会有不同学校的共同发展，才会有自己所喜欢学校的选择。海纳百川，有容乃大。

要实现选择的权利必须允许对学习内容的选择。学习内容第一是对学科、专业的选择，新高考改革方案中允许并鼓励学生根据自己的意愿和特长选择不同的学科，这是一个很大的进步。但现在要实现内容的自由选择，难度还很大，比如上了大学要改变专业非常困难。现在很多高中毕业生在报考大学专业时非常盲目，搞不清楚所选专业是学什么，将来是干什么的。等到明白了是什么的时候发现跟自己的理解相差很大，甚至风马牛不相及，希望转专业，但是不能转。专业和考分绑得死死的，管理水平严重滞后。选择内容的第二层次当然是课程。选修课现在倒是一个被普遍接受的概念了，但现在的课程选择大多停留于象征性水平，很少能从保障学生选择权利的高度来建设，选课难是大学生的普遍抱怨，基础教育选课更多半是纸上谈兵。2001年基础教育新课程改革确立了国家课程、地方课程和学校课程的课程政策，据说新一轮高中课程标准修订，进一步放大了课程选择性的空间。如何将国家课程个性化、校本化，如何将选修课程实现真正意义上的满足学生需要的选修，不仅有课程建设能力的问题，更有观念的问题。选择内容的第三个层次是对教材的选择。教材本来是教师用来讲课的一个例子，这个老师喜欢用这个例子，那个老师喜欢用那个例子，看他自己对于内容、对于学生怎么理解。而要实现教材的选择，就需要下放教材编写、出版的权利，要有得可选。在这样的过程中，实现教材的百花齐放和竞争提高。选择内容的第四个层次是练习的自由选择。练习的目的是内化知识，熟练知识，形成技能，是为学生服务的，但现在练习经常被异化为管理的要求，或者成为应试的工具。很多学生把大量的精力和时间消耗于无聊的练习当中。这需要从以学生为中心、为学习而设计练习的角度重新制定练习体系，把练习选择权利交给学生，为学生的个性化发展提供平台。

要实现选择的权利必须改革教学组织形式。任何一个社会机构、集体活动都有它的组织形式，学校当然有它的组织形式，班级、小组、座位、活动组合，是学校最基本、最主要的组织形式。现在很多家长不仅努力选择学校，而且努力选择班级，选择老师，最后还要选择小组，选择座位。可以不可以？管理规定大都是不可以的。为什么不可以呢？因为这不乱了吗？——还是以管理为中心，以管理的方便为中心。实际上现在世界上像我们这样沿袭几百年来一排排座位，老师在台上讲、学生在台下听的传统组织形式已经发生很大变化了，根据学习的需要建立各种各样、灵活变动的组织形式已经逐渐成为主流。我知道有一个学校，他们把所有班级的老师做了比较合理的组合之后全部公之于众，家长和学生自由选择，结果很多家长不再挑班了，想选择的也都如愿以偿了。

现代信息技术在教育上的广泛运用也为办可选择的教育提供了广阔的

前景。网络化、大数据、云技术、可穿戴技术、智能学习技术的广泛运用，为满足个性化的选择提供了快速、便捷实现的可能。现代信息技术的广泛运用，一定会为教育的可选择性提供更多的可能。

可以自由选择，是教育的最高境界。适合的教育才是好的教育。俗话说，鞋子穿在自己的脚上，好不好只有自己知道。对这个人是好教育，对那个人来说可能是灾难，对你来说是好教育，对于他来说可能根本不能满足。怎么能够为不同的人提供适合的教育是教育的不懈追求。《国家中长期教育改革和发展规划纲要》要求，办好每一所学校，教好每一个学生，为每一个学生提供适合的教育。好学校绝不是一样的学校，教好每一个学生也绝不是用一个标准培养和评价学生。我们现在不许择校，实在是无奈之举，也是学校单一化、雷同化的结果。理想的状态恰恰是鼓励人们根据自己的兴趣爱好和发展理想选择适合自己的学校，鼓励学校办出特色、办出水平，为不同人的不同选择需求创造条件。

项贤明

南京师范大学教育科学学院教授、博士生导师
民进中央教育委员会副主任

建立“以省为主，下设学区”的教育管理体制

我们本次论坛的主题是“现代教育治理体系建设”，这的确契合了我们国家教育改革与发展的现实，体现了中国教育三十人论坛作为一个民间智库组织的社会敏感和责任担当。大家知道，十八届三中全会通过的《中共中央关于全面深化改革若干重大问题的决定》中提出了推进国家治理体系现代化的战略目标，指出：“全面深化改革的总目标是完善和发展中国特色社会主义制度，推进国家治理体系和治理能力现代化。”

按照官方媒体的阐释，“治理体系现代化”的关键是处理好政府、市场、社会的关系。也就是说，在社会治理体系变革过程中，要按照“党和政府领导、培育、规范社会组织，社会组织配置社会资源”这样的逻辑来深化社会体制改革，发挥社会组织在配置社会资源中的决定性作用。如果我们按照这样的思路来进行推断，在我看来，我国教育管理体制走向治理体系现代化的关键性体制变革应当就是——分权（decentralization）。

我国教育管理为何须进行分权变革？这首先是由中国国情决定的。我们常说，我国幅员辽阔，经济与社会发展的区域差异巨大，其中包括教育

发展的历史与现实社会背景也存在很大差异。在这样的国情之下，我国目前实行的这种权力高度集中于中央政府的教育管理体制，显然是不适应这一国情的实际需要的。面对区域差异巨大的国情，我们不可能保证教育部一纸文件中的各项措施总是能适应全国各地的实际情况。

另一方面，权力高度集中的管理体制又大大压缩了我们的教育政策在各地方授权适用（adaptation）的自由空间。所谓“授权适用”，也就是中央政策到达各个地方以后，地方政府有权根据本地实际情况对相关政策做出适当的修正，以便更好地在本地实施该项政策。但是，从理论上讲，我们的地方政府必须不折不扣地执行中央政府教育部门的有关政策，否则就是不执行党和国家的教育政策。当然，在一些涉及政治和国家安全等重大问题上，这种刚性的要求的确有必要，但如果事无巨细几乎所有管理权限都集中在中央政府教育部的话，那么这样的刚性要求对教育政策实施的消极影响就不容忽视了。

与此同时，国家和地方发展需要多种多样的人才，当前整齐划一、缺乏特色的办学体制，已经不能满足国家发展和社会进步对人才的多样化、个性化需求，包括不利于满足某些带有地方特性的特殊人才需要，也不利于教育为地方经济和社会发展服务。面对既存的教育管理体制和社会发展的现实要求，我们在深化教育体制改革过程中，有必要进行比较重大的管理体制调整，通过简政放权来赋予我国的教育管理体制更多的多样性和灵活性。

为什么要“以省为主”而不是现在实行的“以县为主”呢？把学校教育的主要管理权力和责任从教育部下放到省级政府，同时把具体办学权力和责任从县级政府上收到省级政府，建立“以省为主”的教育管理体制，至少有以下几方面的好处。

首先，“以省为主”将有利于教育部集中精力抓大事，譬如更好地做好全国教育发展的规划工作，更好地做好国家相关教育法规的落实工作。至于办学过程中的具体问题，大多由省级政府根据国家和地方相关法规，以及当地的实际情况，各自加以解决。这既可以防止现在常见的天高皇帝远的教育政策无法顾及边远地区实际情况的问题，也可以避免一个地方教育出问题却让全国学校跟着吃药的现象出现。

其次，“以省为主”有利于我们基础教育发展超越县域经济巨大差异的影响，切实促进基础教育，特别是义务教育阶段基础教育的均衡发展。由于受到县域经济发展差异巨大的因素制约，我国基础教育的发展水平一直极不平衡，把各地兴办学校教育的责任上升到省级政府，中央政府对西部贫困地区教育发展继续进行适当的补贴，无疑在一定程度上可以促进基础教育，特别是义务教育阶段的基础教育，在省域乃至全国范围内逐步实现均衡发展。

第三，较之“以县为主”来说，“以省为主”的教育管理体制将更加有利于地方课程的开发，也有利于教育水平的提高。由于受到经济条件、教育科研水平、学校教育总体规模等因素的制约，县级政府在地方课程开发和教育水平提高方面的能力，大都比省级政府弱很多。将发展基础教育的责任主体放到省级政府，显然有利于提高我国的基础教育发展水平。

第四，“以省为主”有利于教育发展和地方经济、文化及社会发展相协调。省级政府成为发展基础教育的权力和责任主体，可以促使各省根据本省经济、文化和社会发展的历史和实际情况来发展本省基础教育，特别是在国家课程之外开发有当地特色的课程体系，在传承中华民族传统文化的同时，也传承有本地特色的传统文化，使地方教育与其经济社会发展联系更加紧密。

为什么要“下设学区”，而不是由县和乡镇在省政府领导下办学？让省级政府成为发展基础教育的权力和责任主体，在本省范围按照自然条件、人口分布等因素而不是行政区划来划分学区，由省政府教育主管部门直接领导和统筹管理各个学区的工作，这样做的好处至少有：其一，保证基础教育的发展不再过多受到县域经济差异巨大的消极影响，有利于基础教育均衡发展。其二，学区划分可以不受行政区划的限制，而是按照人口分布、自然条件等因素，有利于保障中小学生就近入学，尽量最大限度地避免出现因行政区划不同导致学生无法就近入学的问题。其三，我国地方文化发展丰富多彩，有些地方文化（包括方言）区域分布往往也是跨政区的，“下设学区”还有利于摆脱县域和乡镇政区划分，按照社会文化差异等因素来划分学区，由学区来管理具体办学事务，特别是组织开发校本课程，有利于教育发展与地方社会文化发展相协调。其四，“下设学区”治理结构的一个最明显、最直接的优点，就是中小学教师从此直接由省级政府教育及相关部门来管理和调配，而不是一旦分配到工作岗位就属于某县、某乡镇的人员，这无疑有利于中小学师资资源的均衡配置，也有利于省级政府统筹管理和保障对边远农村地区教师岗位的特殊津贴。“下设学区”，也会让中小学教师放心地去边远农村地区工作，并随时参与到师资流动中去。师资资源配置是促进基础教育均衡发展的核心要素，“下设学区”又是促进师资资源均衡配置的关键要素之一。

“以省为主，下设学区”的治理结构，实际上也体现了《中共中央关于全面深化改革若干重大问题的决定》（以下简称《决定》）的相关精神。《决定》提出要在教育领域“深入推进管办评分离，扩大省级政府教育统筹权和学校办学自主权，完善学校内部治理结构”。“以省为主”，就是将教育部目前承担的权力与职能更多地分配到省级政府，是扩大省级政府统筹权的前提；“下设学区”，可以由教育专业人员和相关成员组成学区委员会，在保证党和国家教育政策得到贯彻执行的同时，有利于将办学自主权还给学校负责人，给中小学校长办特色学校以更大的自由空间。

可能有人会说这不就是在美国化吗？我的回答是：美国的确采取“以州为主，下设学区”的教育管理体制，但我们在这里提出的“以省为主，下设学区”的治理结构，并不是简单的美国化，而是要学美国之长，弃美国之短。差别是十分明显的，譬如：美国联邦政府对教育的控制能力弱，而我国中央政府对全国教育一直并仍将拥有强大的控制能力；美国的州可以说是联邦制中的小国家，而我国的省则是中央政府直接领导下的地方政府；美国的中小学校可以说是五花八门，独立性强，而我国的学校长期由政府主导发展，独立性较弱；等等。目前中美两国的教育管理体制各有长短，相互学习。美国政府已经连续多年努力加强联邦政府对教育发展的干预能力，我们为什么就没有信心学习一些美国教育管理体制中可取的长处呢？

关键之关键还在于，无论是中央政府也好，省级政府也罢，都是在中国共产党的领导下，都实行社会主义制度。省政府也是中国共产党领导下的一级人民政权，我们有什么好怕的呢？况且“以省为主，下设学区”的治理结构改革，既包含了去中央化（decentralization）的分权过程，也包含了集权（centralization）过程，即教育管理的权力和责任从县级政府收归省级政府。“以省为主，下设学区”，这样的治理结构，非但没有削弱中央政府对基础教育的控制能力，相反，会大大增强中央政府对教育事业发展的调控能力。恕我直言，有些人以这样那样的理由对教育体制改革中的分权过程表示担忧，实际上他们不是担心党、国家和人民利益受到损害，也不是真的担心中国社会的发展受到影响，而是害怕他们手中的权力变小了会影响他们自己的利益！

周洪宇

华中师范大学教授

长江教育研究院院长

湖北省人大常委会副主任

充分发挥智库作用是提升教育治理水平的重要保障①

一、建设教育智库是推进现代教育治理的重要路径

智库（think tank）也叫思想库、智囊团，是为政府部门公共决策提供研究、咨询与服务，并通过宣传影响民众的专业机构，有政府“外脑”之称。智库最早起源于西方国家，随着工业革命的兴起，社会飞速发展，专业不断细化，各个领域的问题变得越来越复杂，政府部门及决策者越来越难以应付这种复杂情境，为有效解决这一难题，西方各国纷纷成立专业机构，专职进行政策研究，并为政府决策部门提供相关领域公共政策决策咨询和服务，如美国卡耐基基金会、布鲁金斯学会、兰德公司等。世界范围内也成立了一系列国际组织，如联合国下属的各类专门机构、世界经济与合作组织、世界银行、国际货币基金组织等，以应对世界各国面临的日益复杂的共同问题。虽然不同的智库在组织规模、运转机制、资金来源、研

①周洪宇教授未能到会，会后提供的文章。

究专长等方面有差异，但它们有一点是相同的，即都试图影响公众舆论和公共政策。

教育智库作为智库的一个重要类别，在教育领域发挥着积极作用。世界上最早的教育智库是1905年成立的卡耐基教学促进基金会。教育智库是以教育领域重大战略问题和公共政策为主要研究对象的非营利性研究咨询机构，它是以教育专家为主、跨学科专家为辅组成，为各级各类教育决策者在处理教育方面问题时提供专业的思想、理论、策略或方法等。

“治理（governance）”一词，由世界银行于1989年首先使用，现今已成为政治、教育、医疗、卫生等公众领域中使用频率极高的名词。全球治理委员会对“治理”的定义为：各种公共或私人机构管理共同事务的诸多方式总和。它是调和不同利益冲突、形成联合活动的过程。这一概念引入教育领域之后，也使教育宏观管理呈现崭新面貌。教育治理成为一种新兴范式，立足于解决传统治理模式的弊病与不足。教育治理的主旨在于多主体共同平等参与对教育事务的管理，各类教育利益诉求将得到充分表达，各类意见、主张及争议都能得到充分展示、理解与包容。

教育毋庸置疑是公共领域，随着当代民主化进程的推进，教育治理的架构和机制也在发生变化，治理结构从等级制向网络化转变，治理主体从单一化向多元化转变。“治理”与“统治”“管理”最根本的区别是行为主体的不同，教育治理不仅仅由政府承担，非政府组织、学术机构、企业、学校、家长等也成为教育治理责任的共同承担者。包括政府、企业、个人等在内的教育利益相关者，平等参与到教育治理过程中来，协同治理教育各项事务，在机制创新、规则制定、规划实施、资源投入、监督评价等方面相互协调。

教育智库与教育治理两者之间存在着辩证统一的关系。建设教育智库是推进现代教育治理的重要路径，是提升我国教育治理水平的重要保障。提升教育治理水平，必然要求加快中国特色新型教育智库建设。

二、研究教育智库与教育治理是深化教育改革、加快教育发展的迫切需要

时代的发展提出了发展教育智库、推进教育治理的时代命题。G20（二十国集团）杭州峰会以“创新、活力、联动、包容”为主题，强调构建包容联动的全球发展治理格局。在全球化背景下，中国已站在全球治理舞台中央，当前的形势迫切需要中国智库承担起时代重担。在教育方面，教育智库和教育治理正在成为一个亟须开拓和深耕的领域。

一个国家、民族要在激烈的国际竞争中掌握主动权、领先权、决胜权，除了要有重要的经济、科技、军事等实力外，还必须拥有重要的高水平智库。因此，世界各国日益重视智库建设。智库是一个国家软实力的重要组成部分。

进入21世纪，随着信息网络技术的大规模普及与应用，全球经济一体化加速，人类在享受当代物质文明的同时，面临的经济问题、政治问题、文化冲突、环境问题、气候问题、健康问题、宗教问题、教育问题等日趋综合化、复杂化，智库在全球治理中的地位及作用显得愈发重要。中国于2015年年初发布了《关于加强中国特色新型智库建设的意见》，标志着中国的智库建设进入新的发展时期。

在全球化背景下，以学有专长的专家学者和富有实践经验的原从政人士等为主体的各类智库在应对全球化挑战，为政府提供咨询、影响决策、推动改革发展、参与国家治理和全球治理等方面发挥着独特而不可替代的作用。智库的发展水平已经成为国家"软实力"的重要组成部分。

《中华人民共和国国民经济和社会发展第十三个五年规划纲要》在阐述"发展主线"时指出："着力推进供给侧结构性改革，使供给能力满足广大人民日益增长、不断升级和个性化的物质文化和生态环境需要。"我国当前的教育矛盾在于供给制约，而不是有效需求不足，即多样化、高质量、能满足人们需求的教育供给稀缺。立足当前中国教育的紧迫形势，我们需要思考这样的问题——教育智库能为当今中国教育治理贡献什么？能对中国教育改革的深化和发展起什么作用？

从国内需要和国外经验来看，教育智库将成为我国教育改革和发展进程中的一支坚实力量，它在教育政策建言方面可以发挥智库的资政作用，贡献独立和客观的公共政策研究成果，促进我国教育政策制定质量和水平的提升；在交流合作方面可以发挥智库人才优势和专业特长，增进与国外教育同仁的交流，建立多层次、多渠道、全方位的教育合作渠道；在教育“管办评分离”改革中可以发挥教育督导、评估作用，维护教育评估公正秩序，从而以此为“突破口”促进我国教育由“外延式”向“内涵式”发展转轨。

眼下教育领域改革正向纵深推进。教育事关千家万户，牵一发而动全身，是人民群众关注度最高的领域之一，政府尤其是教育行政部门的决策，需要开放性和包容性。作出科学的决策，必须依赖深入、扎实的且“接地气”的科学数据分析，因此，教育领域的深化改革呼声越高，越离不开教育智库的建言献策。

当前，我国教育智库在参与政府教育决策、教育改革、传播教育价值等方面还有诸多不完善之处，在未来仍需要继续推进我国教育智库建设，进一步发挥教育智库的自身优势，担负起时代重担。

三、研究教育智库与教育治理是建设中国特色新型教育智库，促进现代教育治理的客观要求

提升教育治理水平是教育改革和发展的时代要求，是推进国家治理现代化的有效路径。中国的教育治理体系能否通过自身的改革以适应变化了

的新环境，关乎“十三五”战略目标的圆满完成，关系到全面建成小康社会和中国现代化建设宏伟目标的顺利实现。

智库是一个国家软实力的重要组成部分，而中国教育智库是中国特色新型社会智库的重要组成部分，是专业型智库，是以教育领域重大战略问题和公共政策为主要研究对象的非营利性研究咨询机构。

就世界范围内来说，如何更好地参与和实施教育治理，提升公共服务能力，是当代各国教育智库发展面临的共同命题。建设中国特色新型智库，既要借鉴国外优秀智库建设的有益经验，又要从我国的实际出发，遵循智库建设的规律，按照自身的运行特点，明确职能任务、组织形式、管理体制、运行机制。中国教育智库应抓住机遇，顺势所趋，主动作为——不仅要在推销思想、塑造公众舆论方面加强各种举措，使中国的教育实践经验和政策主张等研究成果在全球范围内广泛传播，而且要积极参与制定全球教育治理规则，增强在国际教育媒体和国际组织平台的话语权，把中国教育理念和教育主张有效传播出去。在联动包容的全球教育治理格局中，既要体现大国担当又要彰显中国立场和中国智慧。

当前，中国教育智库“跟不上、不适应”的问题还比较突出。例如在推进中国特色新型智库建设的过程中，智库、高校与政府三者的定位和边界有趋向模糊甚至彼此代替的趋势和误解。按照中国特色新型智库“咨政建言、理论创新、舆论引导、社会服务、公共外交”的总定位，教育智库“创新理论、服务决策、指导实践、引导舆论”的基本定位，以及我们所理解的“全球视野、中国立场、专业能力、实践导向”的具体定位，为了更好地适应现代教育治理的客观要求，必须继续加强中国特色教育智库建设。以新型智库的标准和要求来衡量，还有很大距离，必须创新体制机制，努力打造国家“信得过、用得上、想得起、离不开”的中国特色新型教育智库。

四、研究教育智库与教育治理是贯彻落实中央精神尤其是习近平总书记近期重要讲话精神的必然要求

党的十八大以来，以习近平同志为核心的党中央高度重视新型智库建设，把它作为党和政府科学民主依法决策的重要支撑，作为国家治理体系和治理能力现代化的重要内容，作为国家软实力的重要组成部分，提出新的要求、新的定位和新的方向。党的十八届三中全会首次提出“加强中国特色新型智库建设，建立健全决策咨询制度”。习近平总书记强调，我们进行治国理政，必须善于集中各方面智慧、凝聚最广泛力量，重点建设一批具有较大影响和国际影响力的高端智库。李克强总理、刘延东副总理也对我国智库建设作出重要指示、提出明确要求。这一切都深刻表明了党中央、国务院对新型智库事业的信任、支持和厚望。教育部高度重视新型智库建设，2014年3月出台了《中国特色新型高校智库建设推进计划》，从多个方面对高校智库建设给予了明确指导。2015年1月，中共中央办公厅、国务院办公厅印发了《关于加强中国特色新型智库建设的意见》（以下简称《意见》），明确了加强中国特色新型智库建设的指导思想、基本原则和总体目标。《意见》提出，“到2020年，统筹推进党政部门、社科院、党校行政学院、高校、军队、科研院所和企业、社会智库协调发展，形成定位明晰、特色鲜明、规模适度、布局合理的中国特色新型智库体系，重点建设一批具有较大影响力和国际知名度的高端智库，造就一支坚持正确政治方向、德才兼备、富于创新精神的公共政策研究和决策咨询队伍，建立一套治理完善、充满活力、监管有力的智库管理体制和运行机制，充分发挥中国特色新型智库咨政建言、理论创新、舆论引导、社会服务、公共外交等重要功能”。原教育部袁贵仁部长在2013年1月31日的全国教育科研工作会议上，对新型教育智库（包括教育科研工作）的重要功能也曾作出明确规定和阐述，那就是“创新理论、服务决策、指导实践、引导舆论”，具体来说，就是探索教育规律、创新教育理论；提出政策建议、服务教育决策；开发教育策略、服务教育实践；引导教育舆论、更新教育观念。这些对教育智库建设都有重要启示。

中共十八大及十八届三中、四中、五中、六中全会关于全面深化改革、全面推进依法治国、全面建成小康社会、全面从严治党的战略部署，以及五大发展理念的指导思想，为智库专家参与决策咨询开辟了广阔空间，为各类智库健康发展提供了有力保障。当前，我国正处于全面建成小康社会的关键阶段，应对国内外环境挑战、破解发展难题、回应人民期待都迫切需要强而有力的智库支持。

中央关于建设中国特色新型智库已提出明确要求，需要进一步贯彻落实。具体在教育智库方面，就是要重视教育智库与教育治理研究，以促进教育智库建设，提升教育治理水平，更好地适应现代教育治理的客观要求，满足广大人民群众的需要，更好地培育培养各方面人才，为全面建成小康社会提供充足而强大的教育人力资源支撑。

互动对话

高西庆　徐　辉　朱永新　袁振国　项贤明

互动对话

主持人：

谢谢项老师充满激情的演讲。下面有请四位演讲嘉宾到台上。有请徐辉老师、朱永新老师、袁振国老师和项贤明老师，还有特邀嘉宾高西庆老师。现场观众如果有问题的话，请准备好提问。

提问：

现在基础教育治理方面，教育局长和校长难以作为，大量时间做维稳局长，校长也是这样，这个不解决，如何提高教育治理能力？

徐辉：

现在基层教育局长、校长担负非常繁重的社会管理责任，不仅要管学校，还要管社会，这样一种情况的确存在。学校不光是单纯的教育场所，跟社会各个方面都有很多联系，包括安全方面。花很多精力管学校安全，教育局长和校长也是职责所在。但我希望有一个良好、健康、安全的社会大环境，让学校安安心心、全力以赴办学，关注学生成长，提高教育质量，要做到这一点，政府和社会各个方面都要努力。如果教育局长和校长不用花大量时间和精力去处理社会问题、安全问题，基本办学条件得到改善或满足，让他们有更多的精力集中办教育，我们的学校就会越办越好，校长和教师就有更多精力去关爱学生成长。

提问：

我是一位家长，我以家长的身份请问朱永新老师。刚才提到了家庭教育，我知道很多家长因为对目前的教育不是很满意，就改变了自己的职业路线，来从事与教育相关的工作，您对这些家长有没有了解？跟他们之间有没有对话、联系？因为他们是一线实践者。

朱永新：

目前没有精确统计，他们说中国大概有20万左右的父母在家里自己教孩子，与美国200万相差很大。还有一些父母自己办学校，尽管教育行政部门没有批准，但是自己在办，我就有认识的，我称之为“教育自救”，他对现在的教育不太满意。这是选择性。应该把选择权利交给父母，其实未来如果有兴趣的话，可以看我最近写的一组关于未来教育、未来学校的一些思考，未来的人是不是像现在的人一样每天到学校，毫无疑问不会的，网络那么发达，学习那么便捷，学习方式、路径更加多元化，未来随着人们生活水平的提升，有更多父母愿意自己来做教育，我相信这也是父母的选择，父母的选择、孩子的选择会给教育带来多样性，为教育发展提供更多的新的可能性。未来政府可能会更多地通过购买的方式获得课程，未来的学校不一定所有的老师都是有编制的，可以定制新东方外语课程，不请外语老师，新东方教得不好，换一家，可以定制好未来的数学课程，不行再换一家，这样政府就解放出来了，课程品质进一步提升，学校和社会教育机构进一步打通，未来教育充满着选择性、可能性，我们一起期待吧。

提问：

我是来自四川省家庭教育研究会的会长赵科，同时也是四川省家长总校的校长，请问朱永新老师，之前你提到了国家“十三五”家庭规划刚刚出台，11月24日的电视电话会议刚刚召开，以及全国妇联教育部的会议，我想问父母学堂跟家长学校之间的关联和区别是什么？因为我也很困惑。

朱永新：

其实都是一回事，只不过我不太喜欢用家长概念，家长这个概念多少有一点封建、专制，我叫父母学校，在新教育体系里我们叫作家校合作共育，父母、学校与孩子一起成长。建议统一用“父母”，爷爷奶奶当然也是父母，是父母的父母，用父母学校没有问题。家长学堂、父母学校是一回事，父母本身需要成长。最近开了两次国际会议，一次主题是教育从家庭开始，一次主题是与孩子一起成长，如果父母没有成长，孩子就不可能有成长，每个孩子身上都可以看到父母的影子，中国教育最重要的事情首先是把父母教育好，父母好了，孩子才会好，父母好了，中国教育才会好。

妇联和九部委文件强化了家庭教育，重视父母学校或者家长学校，我觉得这个事情是好事情，天大的好事，只不过政府同样要拿出实实在在的措施，帮助父母提升他们的品质，我们的媒体、教育机构怎么才能更好地为父母成长提供更多的机会，提供更好的资源，这是至关重要的。

作为四川省的家长学校总校长，期待你们能够发挥更大的作用，中国教育学会的家庭教育专业委员会愿意和你们一起合作，共同推动中国的家庭教育事业。谢谢你！

提问：

我是来自北大一所研究机构的，我反驳一个观点，我认为教育简政放权行不通，我们国家教育用来改变命运，西方没有改变命运的功能，改变命运的大事必然涉及社会公平稳定，必须只能由政府牢牢把握，并主持公道。科举改变命运涉及整个社会，五四运动来自教育，我想请问项老师，如果我们国家简政放权下来，出了乱子，谁来替政府负责，谁能负得起这个责任？

项贤明：

刚才我不断地强调一点，我为什么讲“以省为主”，“以省为主”更加适合教育均衡发展，更有利于我们建立一个更加公平的教育资源分配体制，现在县承担不了这样的职能，县与县之间经济差距非常大。广州番禺、从化两个区都在市旁边，经济差异非常大。放到省里，由省政府负责，现在是由县政府负责。如果国家正式出台文件，我是头脑风暴，能不能采纳不知道，严格来说，如果教育现在出问题，找县长，因为以县为主，如果以省为主，权力在省，以省为主，下辖学区，跟县没有关系，省直接领导，每个学校应该是省政府去办，恰恰有利于你刚才讲的公平。放权本身也是放责任，不是放权后责任就没有了。我一再强调“以省为主”，恰恰有利于我们建立更公平、合理的教育资源配置体制。谢谢你提的问题。

主持人：

有一个特别想问高西庆老师的问题，中国已经是世界第二大经济体，您曾经执掌全球第二大主权基金，管了这么多钱，中国教育还是有很大问题，钱怎么花才能花在刀刃上解决教育问题？

高西庆：

这是两回事，作为一个政府，对于国家资源的配置，它的目标是更多元化，教育无疑是中国政府重视的事情。但教育不是中国政府重视的唯一事情，主权财富基金也有鼓吹教育事业投资，对于我们来说资源配置，这个钱一配置，教育领域里配置到某些领域的话，潜在风险比较大，所以不能配置它。我们的目标只是一点，国务院给我们的目标很清楚，就是赚钱，为国家外汇储备保值增值而努力。我们如果再做别的更多的目标的话就比较麻烦，所以对于政府来说，我很同意项老师讲的问题，其实集中和放权不是绝对的，这里面一定要有一个平衡，尤其在今天，中国社会变得这么大，这么多人情况下。刚才有人讲，前面那位问了朱老师的问题，作为现代学校校长、教育局长有这么多乱七八糟的事，怎么管教育？我在杜克大学做校董已经做了很多年，美国大学校董每年开四次会议，每两三个月得去一趟，会上大事小事很多，我跟校长聊，美国校长一旦做了校长，学术工作一丁点儿都不能管了，为什么？太忙了。大量时间要忙着筹资，要去管学校各种各样的事。我们学校校区很大，警察局都有，一点儿小事都得管。最近刚发生了一件事，学校的一个教务长，停车的时候，停车场的一个黑人女士让他不能停这儿，停那边，据说骂起来了，这边马上学校全部黑人出来说种族歧视，要开除了，得调查。美国校长不像中国校长不少还在讲课，还有学术工作、研究工作，他们根本不可能研究，做了校长一心一意只做这件事，要看到平衡。大学校小学校、大地区小地区都是一样，都得花很多力气的。

主持人：

刚才观众委托我问袁老师问题，办有选择的教育，现场很多是校长、老师、父母，作为普通人来说，不是教育部官员、长官，怎样推动有选择的教育？

袁振国：

从政策角度来讲，从国家大政方针来讲，可选择的教育作为一种理念，并不是让大家整齐划一。从学校的角度讲，则是在课程设计、教学方法、组织形式、教学制度创新等各个方面进行改革。从家长的角度来讲，则是做做加减法。加法是指增加一些孩子成长过程中不可缺少的又是学校缺失的儿童活动内容，做减法则是减掉一些学校布置的有损孩子健康的繁重负担。刚才讨论到父母学校的时候，我是有一点想要提醒的，父母办学校有很多问题，有法律问题，有能力问题，有孩子要跟更多人进行交往的问题，不是简单地说父母学校就是好的做法，学校存在的很多问题，也不是办了父母学校就能解决的。家庭自己办学校遇到的问题一定会比学校碰到的问题更多，这件事情要审慎对待。但是作为一个家长来讲，我想说一句话，在现代的中国，家长最值得做的一件事情就是做减法，学校的负担太重，作业很多，活动很多，事情很多，如果孩子回来每个学科按照要求做，睡觉的时间很少。我曾经做过这样的事，让孩子睡觉，作业我来帮他做。

主持人：

透露一下，袁老师将儿子培养得非常棒。再次将热烈掌声送给台上五位老师。接下来的议题是“教育运行的法治化”，刚才袁老师也说在家里办学不是随便就能办的，也有很多法律问题，所以接下来就专门讨论教育运行的法治化课题。

教育运行的法治化

季卫东

上海交通大学凯原法学院院长、教授

教育立国与教育立法

2016年国内外的格局变化非常大、非常快。在国外，黑天鹅一只又一只飞起来，简直把天鹅湖弄了一个颜色革命。在国内，房市、股市、汇市复杂交织在一起，经济风险如影随形，我们进入了一个不确定的时代。在这样的情况下，过去行之有效的发展模式已经不再灵光了，需要改弦易张。中国似乎也已经走出了赶超阶段，需要另辟蹊径。此时此刻，创新的重要性空前凸显，成为可持续性发展的关键。我们要在全球治理中获得话语权和软实力，我们要在理论上、技术上进行创新，都有赖于教育的绩效。创新的平台就是大学，就是我国的教育系统。在这个意义上完全可以说，中国今天应该迈进一个“教育立国”的时代。

重视教育，自然就应该加大对教育的投入。据报道，两三年前教育预算在GDP的占比已经达到4%，现在还有进一步提高的趋势。这当然是正确的举措。但是，我们要扩大创新能力，提高教育水准，仅靠资源投入这一点当然是不够的。如果原有机制不变，经费增加就意味着监管增加，行政部门也必然会按照旧的思维方式设立各种花钱的名目和考核的指标。这样势必使大学以及其他各类学校更加行政化，钱未必能花在刀刃上，未必真正有利于创新。因此，除了加大教育投入之外，还必须同时推动教育体制改革。在我看来，中国教育三十人论坛设立的宗旨就是要推动中国教育体制改革，从而推动创新能力的提升。

教育体制改革的实质是治理体系、决策机制的刷新，正如徐辉、朱永新两位教育家刚才指出的那样。具体来说，教育体制改革包括去行政化、学校治理结构调整、创新环境的形成三个方面。概括起来说，也就是以教育法治化为基本目标，实现依法治校、制度驱动。再简化成一个简单的公式，就是四个字——“依法自主”。反过来说，教育立法也必须与教育体制改革相适应、相衔接，因而需要有一个明确、合理、符合教育规律的顶层设计。

总之，在“教育立国”时代，我们不仅要加大教育投入，而且还要推动教育改革和教育法治，让学校真正依法自主。这是我想强调的第一点。

第二点，我想阐明什么是教育法治、什么是新形势下教育立法的基本方针。首先要提醒大家的是，不能指望法律举措对创新和可持续发展产生直接的作用。法律不是无用的，但也不是万能的。重要的是形成一个有利于创新的环境，为这样的环境提供制度基础或者框架。在这里，教育法治的概念与中国历史上存在的那种法家式法治概念有本质的不同。中国传统的法治概念用王安石的话来表述，就是“立法者君也，守法者吏也，法于法者民也”。即法律的执行和适用全有赖于官吏，人民个人只能被动地接受法律规范的约束。这样的法治往往与酷吏联系在一起。但是，现代法治观念完全不一样。现代法治特别强调自由、宽容以及个人权利保障，强调个人在动员法律、实施法律方面的能动性。只有这样的法治、这样的教育法治，才有利于创新。只有按照这样的现代国家治理方式来进行制度设计，才能形成一个有利于创新的环境。

从上述教育法治的思路来考虑教育体制改革，必须直面旧体制在行为规范上存在的问题。不正视问题，就无法改革。这里只谈大学治理上的问题，只谈创新性人才培养的问题。近些年，媒体经常出现“钱学森之问”的说法。大家反复问，其实都是明知故问。为什么当代中国难以涌现出创新型人才和大师，原因不难查明，很多问题都是摆在那里的。当然，过去三十多年中国教育事业发展得非常快，成就也很大。在高等教育普及和规模扩张方面，我们的确有组织优势，行政部门的贡献和功绩是不可抹杀的。但是，有得就有失。靠权力、指标以及资源分配来拉动发展，导致各个高校越来越迎合行政部门的意图，造成急功近利的流弊。

例如从上到下的“面子工程”，反映了自所谓“大跃进”时期以来中国管理的基本思维方式和浮夸作风。在20世纪50年代末，农村人民公社鼓噪着放卫星、亩产几十万斤粮食，有些地方是把其他田地里的稻谷移到一块田地里，集体造假，集体领奖。违背常识的事物在这样自娱自乐的氛围里似乎变成真的了。靠操作技巧完成指标，靠行政机关认定标签，看上去成就辉煌，实际上什么都没有变。博士学位本来是教育经历和知识水准的标识，但如果为了提高博士学位获得者的比率就滥发文凭，无异于给假冒伪劣产品做名牌包装，最后害人害己。水货博士太多，除了提高国家的成本以外没有任何意义，反倒因为“劣币驱逐良币”的效应而危害国家的利益。

现在强调智库，于是各地都“一窝蜂”地建设智库，不管是否具备条件。没有研究积累的智库，写出来的咨询报告只能是弱智的。另外，本来智库是决策者的外脑，应该提出来政府没有想到的问题，应该进行批判性思维，应该提出各种替代方案来供决策者选择。智库能言人所未能言，能让决策者兼听则明，所以才有价值，才值得投入资源。但我们现在搞的很多智库，基本上都是在揣摩上意、迎合政府部门的想法，稍微有点棱角的也无法生存下去。这就不是智库，而是天坛里的回音壁。现在都说要反腐败，其实最隐蔽、影响最深远的腐败就是特定主张的循环论证，这是一种“雅贿”。还有重大研究项目可以仅凭某个级别领导的几个批字就结项了，而不真正在乎成果的学术价值所在，这势必造成高校和研究机构的道德滑坡。诸如此类的现象多了，学术与宣传的边界也就看不见了。宣传当然是必要的。但是，如果要通过智库、重大项目等方式来做宣传，资金投入很大，其实就等于购买吆喝的价格越来越高，这样的玩法一点儿意思都没有。中国高校人文社会科学领域的最大误区就是把学术和宣传混为一谈，其后果非常严重。

这里的核心问题涉及如何切实保障学术自由。我国《高教法》第10

条明文规定，国家依法保障高等学校中的科学研究、文学艺术创作和其他文化活动的自由。在高等学校中从事科学研究、文学艺术创作和其他文化活动，应当遵守法律。这个条文看起来好像没有什么问题。但从法学角度来看，这是极端法律实证主义的一条规定，无法防止恶法破坏善治的事态，很可能会使学术自由流于空话。无论如何，要真正鼓励创新，就一定要切实保障学术自由。学术自由的宗旨是保护批判思维、批判理性，对试行错误采取宽容态度，允许多样性和变异，因为任何创新都是在突破过去的条条框框时发生的。为了给大学留下创新的空间，一定要充分保障《高教法》第10条规定的学术自由，并且防止通过各种各样的规范性文件和政策把学术自由的内涵抽空。

我今天要说的第三点，就是大学治理结构与教育法治。关于大学治理结构，今天上午钱颖一教授提到两个方面，即外部治理和内部治理。其实还有第三个方面，姑且称之为“间部（相互间的接合部）治理”。

在我看来，所谓依法治校，包括三层含义：（1）在学校与政府、社会的关系上，坚持法治原则，主要是承认办学自主权，不要连开什么课程、使用什么教材、收取多少学费都管得死死的。这属于外部治理的问题。没有办学自主权就不可能实现教育的多样化，没有多样化怎么可能为创新提供适宜的环境呢？（2）在学校内部，要充分尊重大学章程，在校内共识基础上建章立制，明确大学的独立法人资格，妥善处理好决策权、行政权以及监督权三者之间的关系。应该尽早制定符合教育规律的学校法，改善大学的内部治理。（3）在学校与学校之间关系上，从千校一面的同一化模式走向百花齐放的差异化模式。这是间部治理的基本方针。关键是要重视和尊重各个学校的办学特色，允许不同的教育方式、方法以及内容存在，只有这样才能出现多元、宽松的教育环境，才有利于创新。

为了实现依法治校的目标，有必要也有可能进行五项制度化作业。一是确立高校的独立法人资格，要使高校能够真正独立经营，独立核算，自我承担法律责任。这并不意味着政府和社会对教育没有责任，因为教育毕竟是带有很强的公益性。教育的公共预算和社会捐赠等制度的完备也很重要。还应该通过产学研合作，形成大学的自我造血机制，实现教育经费来源的多元化，为依法自主奠定坚固的经济基础。二是以能力和业绩为标准决定人事任免和薪酬待遇，对兼职和兼业不妨适当放松管制，当然应该进一步规范化。三是促进高校运营的外部参与，比如任命来自校外的独立委员、从社会贤达中招聘管理者。这样做将使社会的需求能够进一步反映到教育过程中，也有利于学校形成特色。四是采取民营企业的观点和管理方法，提高大学治理的效率，实现合理化经营。鼓励和扶持民办教育。五是由事先审批制转向事中、事后的监管制，实现绩效的第三方评估。

最后我再谈谈教育法治的驱动装置和保障机制。有法不依是我国常见的弊端，因此必须重视法律执行问题。以前的法治思路是由行政部门、官员负责法律实施，结果是越强调法治，行政色彩反而越浓，与现代法治的宗旨背道而驰。教育法治的目的本来是去行政化，但为了推行教育法治反倒加强行政化，这是荒唐的。从国家治理现代化的角度来看，法治的动力应该到个人、到基层去寻找。教育法治的担纲者或者推手主要有三种：一种是教职员的工会。我国还没有制定高校工会法，教职工代表大会的法律地位还不很明确，这个立法空白应该及时填补。另一种是学生及其家长。他们有维护自己权利的积极性，可以通过行政复议和行政诉讼等方式来有效地推动法律实施。还有一种就是教师会议。在院为实体、决策权下放、教授治学的制度变迁过程中，学校内部的民主参与机制会逐步形成和加强，为教育法治创造更好的条件。

我的发言到此结束。谢谢大家聆听！

张志勇

山东省教育厅副厅长
中国教育学会副会长

教育的法治思维与法治方式

党的十八届三中全会、四中全会先后提出了治国理政的新思维和新方略。十八届三中全会要求“坚持依法治理，加强法治保障，运用法治思维和法治方式化解社会矛盾”；十八届四中全会强调“把依法治国确定为党领导人民治理国家的基本方略，把依法执政确定为党治国理政的基本方式”。坚持教育的法治思维和法治方式，是建立现代教育治理体系的关键。

一、推行教育法治思维和法治方式的重大意义

必须站在我国教育改革和发展全局的高度，充分认识教育法治思维与法治方式的重大意义。教育法治思维与法治方式对我国教育改革和发展的意义可概括为以下三个方面：

（一）用法律保护全体人民的教育权益

法律是人民意志的集中体现，是人民利益的根本保障。我们应该学会用教育法律来保护教育者、受教育者的合法权益。2008年1月14日9时，

我走进某高中，发现不少教室都有四五个孩子站着听课。原以为是这些学生被罚站，其实这些学生前一天晚上做作业太晚，坐下来听课就睡着了。剥夺孩子睡眠时间，剥夺孩子受教育权益，孩子第二天处于困乏状态，学习效率如何？很多人好心办坏事，布置大量作业，剥夺孩子睡眠时间，这样的事情似乎已见怪不怪了。我们必须学会用法律武器来保护孩子合法的睡眠权。

（二）用法律保障教育事业的健康发展

教育法律是保障教育发展方式转变的根本制度，建设法治教育是保障教育事业健康发展的根本之策。1993年颁布的《教育法》，要求“教师的平均工资水平应当不低于或者高于国家公务员的平均工资水平，并逐步提高”。正是因为有了这一法律要求，广大中小学教师才能建立与公务员同步的工资待遇保障机制。1995年颁布的《教育法》，对于当今中国教育改革和发展的最大贡献之一，就是提出了“各级人民政府教育财政拨款的增长应当高于财政经常性收入的增长，并使按在校学生人数平均的教育费用逐步增长，保证教师工资和学生人均公用经费逐步增长”，这就是著名的“三个增长”。没有“三个增长”的法律要求，就不可能有今天财政性教育投入占国民生产总值4%的目标的实现，就不可能有中国教育的优先发展。

（三）实现教育现代化的必由之路

习近平总书记提出中国的第五个现代化——推进国家治理体系和治理能力现代化。教育的治理根本靠法治。教育治理方式的现代化，教育的法治水平，或者说，教育的法治思维和法治方式水平是一个国家教育治理现代化的根本标志。以规范办学为例，没有依法规范办学，就没有教育的基本秩序，就没有教育对科学和规律的基本尊重。今天，一些地方教育乱象丛生，乱就乱在没有人真正敬畏和尊重教育法律法规，没有把教育法律法规作为教育工作的基本规范和基本要求。

二、教育的法治思维与法治方式的基本内涵

（一）教育法治思维的基本内涵

教育法治思维的基本内涵就是要把依法治教确立为教育思维和教育治理的根本方式。今天，中国教育之所以仍然没有实现教育治理的现代转型，其根本症结之一就在于，我们仍然缺乏教育治理的法治思维，人们想到教育治理的时候，没有首先想到法律，没有将自己的教育管理行为置于教育法律法规的约束和规范之下。具体而言，教育的法治思维包括以下四个方面。

1. 法治意识。依法治教是教育改革和发展的基本方略，是教育行政的基本方式。每位教育工作者都要树立强烈的教育法治意识，必须时时刻刻清醒地意识到教育必须依法管理、依法运行、依法推动，必须意识到教育的权利是法律授予的，必须意识到教育的法定职责必须履行，必须意识到教育法定授权之外没有任何权力。

2. 权责法定。教育的权力是人民通过法律授予的。必须用法律授权明确界定政府教育职能。完善行政组织和行政程序法律制度，推进机构、职能、权限、程序、责任法定化。权责法定是教育改革发展的基本前提。各级政府及其教育行政部门必须依据教育法律法规来开展一系列教育工作。同时，用教育法律法规来约束自己的教育管理行为。

3. 法责必为。履行法定职责是各级政府的教育改革和发展的基本任务。要清理评估各级政府法定教育职责的履行情况，特别是落实教育投入、教师工资待遇、人民群众受教育权益等方面法定教育职责履行的情况。要建立国家重大教育决策执行情况评估制度。

4. 法外无权。各级政府必须把自己的教育权力限定在法定范围内。很遗憾，现在越权管理现象泛滥，各种考评“多如牛毛”，已成为基层教育部门和学校的一大负担，搞得怨声载道、不堪重负。必须对各种教育评估检查和各种总结要求依法进行清理。

（二）教育法治方式的基本内涵

教育法治方式的基本内涵就是要把依法治教确立为治理教育的根本方式。教育的法治方式包括以下六个方面。

1. 依法用人。一方面，要按照中央要求，把能不能遵守法律、依法办事作为考察干部重要内容，在相同条件下，优先提拔使用法治素养好、依法办事能力强的干部。另一方面，更为重要的是，依法选用那些懂教育、爱教育的人。在我看来，地方教育局长是政治家，也应该是教育家。

广大中小学校长必须具备教育专业素养。

2. 依法决策。一是遵守法定程序。把公众参与、专家论证、风险评估、合法性审查、集体讨论决定确定为重大行政决定法定程序，这对于抑制当前教育行政决定领域“拍脑袋决策”“一支笔决策”具有重大意义。二是建立决策成本效益评估机制。在作出决策之前，就要考虑决策的实施投入成本和产出之间的关系，避免造成决策机构浪费。三是建立决策责任制。一个重大教育决策失误，是不是有人承担责任？必须建立重大行政决策终身责任追究制度和责任倒查机制。如此，才能倒逼行政决策制度科学、程序正当、过程公开和责任明确。如果我们把重大决策的三个程序做好的话，就会大大提高教育决策的民主化、科学化水平，教育决策就会更加符合老百姓的根本利益。

3．依法规范。引领和规范是法治发挥作用、显示价值的两种重要形式。教育法律对教育的规范、规治作用，包括以下两个方面：一是引领教育发展方向；二是确立教育行为的基本规范。这就是规范办学行为。整个教育事业要依法运行，遗憾的是，“有法不依”仍然是教育战线存在的普遍现象。这是我国教育治理面临的最大挑战。

4．依法治理。当前，对教育的依法管理缺位。要么不作为，要么乱作为 。关键是，各级政府教育执法体系处于严重缺位状态。

5．依法考核。现在，各地对考试分数和升学率的考核完全缺乏法律依据。我呼唤了那么多年的教育政绩观转变问题，至今仍然没有看到好转的迹象，已经成为教育的最大顽疾，扭曲教育的最大根源。今天，许多地方的教育政绩观已经远远落后于经济社会发展观。我们对环境有硬约束指标，对教育生态有没有硬约束指标？没有。

6. 依法问责。今天，大量的教育违法行为没有得到任何追究，甚至没有人认为：不贯彻教育方针是一种违宪行为！不执行国家课程方案是违背《教育法》《义务教育法》的行为！很多事情没有人管、没有人负责，出了问题可以不追究责任，大量的教育违法行为没有得到任何追究，其危害是什么？长此以往，人们必然视教育法律为无物。

三、推行教育法治思维和法治方式的路径选择

推行教育法治思维和法治方式的根本目标是全面建设法治教育。或者说，将我国教育事业的改革和发展全面纳入法治轨道。推行教育法治思维和法治方式的路径包括以下六个方面：

（一）教育法治教育

我这里讲的法治教育，是从事教育者、管理教育者必须首先接受教育法律法规的教育，接受教育法治思维和法治方式的教育。所有的教育工作者、教育管理者首先要学习法律、懂得法律、遵守法律、执行法律。要着力解决教育者不信仰、不敬畏教育法律法规的现象。这是教育治理最根本的问题。

（二）加快教育立法

加强教育领域立法，着力解决关键教育领域教育法律法规建设滞后和缺位的现象。要加快《家庭教育法》《校园安全法》《学校法》《教育投资法》《考试法》《教育督导法》的立法进程。

（三）规范教育事权

加强教育事权划分，着力解决教育领域或推诿扯皮、或集权管理的问题。规范教育事权，要加快教育分权，通过建立教育职能的分权和合作治理机制，解决教育的人、财、物、事的集权管理模式。这是我国教育治理改革的重大课题。

（四）建立权力清单

推进教育机构、职能、权限、程序、责任法定化，建立权力清单制度。 权力清单不但要明确各级政府及其教育行政部门能够审批什么，应该包括负面清单、责任清单。权力清单也就是把组织法和单行法里面授予的权力都放在一起。权力清单不光要晒出来，还需要进行评价，比如，这个职权应不应该由政府来行使？能不能由市场或社会组织自行行使？如果应该交由政府来行使，是否应该交由这个部门来行使？

阳光是最好的防腐剂。要全面推行教育政务公开。在公开的内容上，要一体推进决策公开、执行公开、管理公开、服务公开、结果公开。只有教育政务信息都公开了，教育行政部门和学校的所作所为才能置于社会公众的广泛监督之下。教育腐败、教育违法行为就没有了藏身之地。

要加强对教育权力运行的监督，强化对行政权力的制约和监督，必须建立现代教育行政治理机制和现代学校制度。

（五）加强教育执法

法律的生命力在于实施，法律的权威也在于实施。教育系统要按照中央要求，着力推进教育领域依法治理，加强教育法律法规执行，着力解决教育领域普遍存在的有法不依的现象，提高教育领域法治化水平。

要建立健全教育系统教育行政执法体系。各行各业没有像教育一样，谁来执法不明确、不知道，没有人管。教育行政执法体制是一个复杂的体制，如何深化教育行政执法体制建设，还是一个没有真正破解的重大课题。

要建立学校法人法治诚信档案。

（六）加强责任追究

教育是最大的公共事业，关系到千家万户，关系到国家和民族未来，必须花好人民用于教育事业的每一分纳税钱。为此，要依法约束教育权力，依法规范教育责任，依法考核教育绩效，依法追究教育违法违规行为。同时，依法保障教育事业的改革和发展。

任剑涛

清华大学社会科学学院政治学系教授

教育部“长江学者”特聘教授

依法治教的行政改制

需要提出一个问题，我们一再呼吁的依法治教究竟是什么意思？显然，这种呼吁，并不是单纯呼吁以法律文献治教。国人对法律文献的钟爱、制定的热情，远远超过按照法治精神、法治原则来治理中国教育的愿望。

首先要清楚，依法治教的“治”，不是统治，而是治理；教是教育，不是教化。据此，依法治教，是针对一个现代职业开展的复杂治理。治理，一定是多元的，也必定是民主的。因此，依法治教的着重点在于，把教育各方面因素约束在法治原则之下，而不仅仅是依照法律条规，为教育谋求权力、聚集资源，为教育机构提供制度规章，为教育具体管理提供实际规则。如果是这样的话，依法治教来得越早，教育被严格约束以至于丧失活力的可能性就越大。在这样的依法治教局面中，中国教育界试图解决“钱学森之问”的能力和可能性，绝对不是更高，而是更低。因而，依法治教“怎么治”是一个关键问题。

取决于现代治理是多样治理、民主治理，教育治理作为其中一个组成部分，并且依托于现代社会的职业分化，就此需要强调，现代教育不是教化问题。依法治教，就是把教育约束在现代国家治理的总体框架，也就是法治原则之下。这就凸显了依法治教的另一个重要问题——依什么法来治教，便成为又一个关键问题。

中共十八届四中全会特别强调法治国家的建设。其中，对法的性质，这次全会的文件做了非常重要的区分，那就是依法治国乃是依良法治国。法，必须是良法，而不能是恶法。如果仅只在一般意义上强调依法治教，强调对法条如何如何看重，人们辨别一个法律的恶法、良法性质的热情、能力势必会下降。

其次，要明确依法治教这一命题所包含的是与不是两重含义。简单讲，依法治教是什么？第一，是将教育约束在法治的总体治国原则之下。第二，是要对关乎整个国家教育的不同分工体系进行全面监督。概略说，依法治教不是什么呢？一不是以法律法规约束和控制教育，二不是单独将教育系统抽出来作为法律治理的对象。

教育附载有意识形态功能，对教育进行某种政治控制也是必需的。刚刚召开的全国高校思想政治工作会议就是体现。但教育主要承担的是现代职业分科、学术分类、学生训练、全人培养的责任。而落实这些责任，可能就不是将依法治教理解为解决政治规则的事宜，一定着重于解决的问题，即依法治教的行政管理和教育自身运行规则的关键性问题。

可以说，依法治教的重点，在于教育本身作为社会分工部门，必须承担起整个学生的知识性教育和公民的终生性教育的责任。依法治教的极端复杂性由此可见一斑。为此，准确定位依法治教是非常重要的事情。依法治教，应当合理地被切分为相互依存的三块：一是依法治教的法政基础问题。这个问题在中国过于复杂，为了保证政治正确，暂时不讨论。二是依法治教的行政改制问题。这涉及教育资源的配置、教育管理体制、教育机构自主治理等问题。三是涉及教育的法律纠纷出现之后，如何依照法律程序加以处理。这是针对司法个案讨论的问题，不是我们通过一般原则陈述能弄清楚的问题。

依法治教的落脚点，正在于依法治教的行政改制。因此，我们既不谈司法意义上的依法治教，也不谈政治体制意义上的依法治教，而着重谈谈行政改制意义上的依法治教。行政改制意义上的依法治教，人们常常认定，关键的问题是政府简政放权，落实教育机构独立自主的自治机制，让教育机构按照教育规律办事。基于此，依法治教变成一个呼吁简政放权和学校治理体系的改革问题。这样的呼吁，永远都对。问题在于，对依法治教的行政改制自身而言，简政放权是关键吗？学校治理结构是关键吗？从我自己的专业视角来讲，视野也许比较狭隘，答案可能出人意料，我认为不是关键。

依法治教的行政改制，首先涉及整个国家行政资源日常配置方式的改制。教育部门的行政改制、简政放权，不是国家层面上讨论依法治教的行政改制的当然意义。这一改制的聚焦点是，能不能使我们的教育行政管理体制得到改变，释放教育机构的办学热情，规范教育机构的办学程序，确立教育机构依法治教的程序性安排，落实教育机构的法人治理模式。如果把教育部门从整个国家依法治教的整体中抽取出来，那是解决不了依法治教的行政改制问题的。必须把依法治教的行政改制植入整个国家对待教育的行政总体改制之中。因而，教育体制的行政改革应当是整个国家有效行政改革的组成部分。当整个行政改制过程并没有把国家权力从中央到地方厘清，从一类职能部门到其他职能部门厘清，而仅仅试图从教育部门自身厘清，便是不可能的。

从这个意义上讲，率先确定在整个国家的总体教育布局当中，在国家各个行政平行部门定位当中，教育究竟处于什么位置，就非常重要。如果不落实这一定位，仅仅直观地讨论“钱学森之问”，我们的讨论不仅不能提供这一质问的答案，反而会越来越沉重，使我们越来越郁闷，我们的努力也就越来越艰苦，而最后的收效便会越来越令人伤心。因此，依法治教的行政改制，首先需要放置到中共十八届四中全会全面深化法治改革的总体框架之中。只有在依法治国的总体治国结构中，依法治教才有望落实。如果依法治国没有落实，教育部门非常踊跃地跳出来说，我们就要依法治教。结果如何，“你懂的”。

人们常说，应当把教育部门放到中国发展最关键瓶颈的高度来加以观察。此言不虚。无疑，教育涉及国家未来的战略布局问题，断言教育地位和功能在一个国家多么重要都不为过。原因在于，从最狭隘的人力经济学角度讲，教育关系到一个国家人力资本的再生产。这是当今中国观察教育问题最流行的专业视角。一个国家人力资本的代际再生产问题，直接影响这个国家的生产与消费。从相对开阔的视角看，对一个国家来说，教育是关系到整个国家前途与命运的国本—— 一个国家能不能维持稳定、持续、可协调发展，教育在其中发挥着重要的传递功能。只有在教育的传递功能顺畅绵延的情况下，才能解决人力资本再生产和国家延续的再生产这类重大问题。这是依法治教的行政改制最重要的战略布局含义。

在这样的战略布局中，依法治教的行政改制还包含另一层意思：教育制度的中观体制改革问题。所谓教育中观体制改革，就是在教育行政部门与相关部门资源有效动员情况下，教育那个占据国家各行政部门举足轻重的地位——教育部门对人权、财权、事权的把握能力，得到国家其他行政部门的高度尊重。一个事实是，今天的教育部门，无论是教育领导部门，还是教育具体机构坐在一起，倡导依法治教，并据此把教育说得多么多么重要，但一个财政局长告诉你，拨款问题解决不了，教育部门就白费口舌了。

依法治教的行政改制需要厘清国家整个的行政体制。教育部门需要的资源，不是教育部门自我呼吁就可以获得的。在整个国家行政体制布局当中，各个部门之间的资源配置，依赖于国家层面的法治。否则就会在无序的资源争夺中丧失平衡配置资源的可能，我曾经和博士生一起阅读民国时期的省宪，当时湖南省宪规定，财政收入的40%必须投向教育部门。今昔比较，我不是瞠目结舌，而是心酸无比。

今天的财政部门在管理体制上尊重教育部门的资源需求吗？通过近四十年的改革开放，教育部门获得的资源丰富了，地位提高了，国家重视程度加强了。但从一个现代强国的高度看，教育部门在国家行政体系中的地位，各位一定要认识清楚，仍然是不高的。因此，真正要做到依法治教，必须在国家资源配置的立法上向教育部门倾斜。但有可能是教育部门一头热，在学校治理结构、纠纷裁决等方面，为教育部门立了法。这些法一旦立起来，可能捆住了教育部门的手脚。结果可能是，人们大力呼吁发展教育的立法，变成了捆住教育手脚的法律规章，情何以堪?

强调依法治教的行政改制，教育主管部门和具体教育机构之间，教育管理人士与从教人员之间，需要形成高度的共同体意识。不要以为教育主管部门管住了教育机构，就特别兴奋、特别有成就感。这种管理结果，其实没有什么成就感可言，那只不过是以行政控制手段强化了教育主管部门对教育具体机构的行政约束和行政驾驭而已。这在行政管理的境界上来说并不太高。教育主管部门获得了教育机构认同，教育机构成员衷心拥护主管部门的行政管理，那才值得赞赏。只有教育部门资源广进，职业评价上颇受社会赞誉，教育从业者具有高度的职业责任感，依法治教的良好效果才能真正呈现出来。此时，从教者浑身上下都是前行动力。

中华民族一向是一个勤劳勇敢的民族，也是一个智慧睿智的民族，只要国家在日常资源的行政控制上，稍微松绑，就一定会迎来一个中国教育发展的辉煌时期，这是我们的共同期望。

谢谢各位!

文东茅

北京大学教育学院教授

中国教育发展战略学会副会长

用心学防治“空心病”

一、“空心病”

最近，北京大学心理咨询中心副主任徐凯文老师创造的一个词在网上广为流传，这个词就是“空心病”。按照徐老师的解释，“空心病就是价值观缺陷所致心理障碍”。这一概念之所以广为流传，是因为它切中要害，发人深省，因为不仅有北大学生得了“空心病”，其他高校同样有；不仅仅是学生空心了，整个社会的很多人都空心了。也许，今天在座的各位中，就有不少人正饱受“空心病”之苦。徐老师总结“空心病”有以下特征，大家可以对照看看自己是否不幸有这些病症：

1. 类似抑郁症，表现为情绪低落，兴趣减退，快感缺乏。

2. 有强烈的孤独感和无意义感。不知道为什么要活着，也不知道活着的价值和意义是什么。

3. 通常人际关系是良好的。非常在意别人对自己的看法，需要维系在他人眼里良好的自我形象，需要成为一个好孩子、好学生、好丈夫、好妻子。但似乎所有这一切都是为了别人而做的，因此做得非常辛苦，也非常疲惫不堪。

4. 有强烈的自杀意念。这种自杀意念并不是因为现实中的困难、痛苦和挫折，用他们的话来讲就是“我不是那么想要去死，但是我不知道我为什么还要活着。我完全不知道我活着的价值意义是什么，每天的生活如同行尸走肉，如果是这样，还不如早点结束”。

由于发现了这种“空心病”比抑郁症更严重、更普遍、更不好治疗，所以，徐老师作为一个高校的心理咨询师和心理科医生，大声地呼吁：请救救孩子。不仅是要救孩子，也要救所有饱受“空心病”折磨的人们。徐老师内心充满着忧虑，他不仅在大声疾呼，也在不停地寻找治病救人的良方。令人遗憾的是，徐老师发现，这种“空心病”用西方传统的药物治疗、电疗都无效，用传统的心理咨询、积极心理学干预也都成效甚微。昨天，我与徐老师通了一个很长的电话，交换了看法。我很高兴地得知，徐老师已经开始转向从中国传统文化中寻找办法了。我告诉他：以我粗浅的体会和观察，我坚信，心学就是治疗“空心病”的对症良药。我已经与徐老师相约，以后共同探索如何用心学防治“空心病”。今天，我也想与大家分享我对此的一些认识，希望得到更多人的支持和帮助。

二、心学

我接触心学的时间很短，认识还很肤浅，所以在此只能作一个简单的介绍。心学可以源自尧舜禹的十六字心法：道心惟微，人心惟危；惟精惟一，允执厥中。孟子非常重视“心”的学问，他就说过：学问之道无他，求其放心而已矣，希望人们不要“失其本心”。通常，人们认为心学作为一种学说，发端于陆九渊，而王阳明是心学的集大成者。所以心学可以泛指“陆王心学”，更多的情况下则就是指阳明心学。与心学相对应的是程朱“理学”，是“求万事万物之理”的学问。阳明先生青年时代在很长的时间都是学的朱熹理学，他认为，既然万事万物都有理，就去格竹子，结果不但没有格出竹子的理，反而格出了自己身体的病。1508年，阳明先生被贬贵州修文，有了中国乃至世界哲学史上的惊天一悟，史称“龙场悟道”：“圣人之道，吾性自足，向之求理于事物者误也。”据此，阳明先生逐渐创立了一整套阐述“心即理”“知行合一”“致良知”的心学体系。

可以说，心学就是研究心、发现心、使用心的学问，就是一种身心之学、修心之学。阳明先生认为，每个人都有一颗良知之心，只是被物欲、私欲所遮蔽了，致良知就是找回自己本自具有的清澈的良知之心，就是回答孟子“求放心”的问题。心学不是唯心主义，恰恰相反，阳明先生“心怀天地万物一体之仁”。如果能“心怀天地万物”，怎么会没有“物”？还怎么会“空心”？徐凯文老师说“空心病”是比抑郁症还严重的心病，许嘉璐先生说，阳明心学是治疗当今社会癌症的一剂良药。心学治心病，心学就是治“空心病”的良方良药。

三、心学的疗效

我这么说，大家可能觉得是在空谈，是在玩文字游戏。但我想告诉大家，以我的亲身经历，发现心学确实有效，不仅有效，而且可以很快收到奇效。

我自己就得过某种程度的“空心病”，在一段时间内就没有生活和工作的方向感、意义感，总想着辞去行政职务、想着退休。当我学习阳明心学之后，我意识到这其实是自己的心中“小我”意识太强，所以会感到“空荡荡”的。当我心中有了学生、有了对中国教育的更深切的关怀，我的生活更充实，心也就更充实了，“空心病”就在不断祛除。现在我的工作热情空前高涨，每天早上五六点就起床，自己学习，督促学生学习。我给学生上课，不再是一周上一次就走人，而是上“水课”，我们建立微信群，一周七天随时与学生在一起，我们追求的是“上善若水”“水滴石穿”“水润万物”。我还主动在贵州修文、江西井冈山等地开展“良知教育”试点。2016年5月27日第一次到修文之后，一百天内我去了五次修文，还带着修文的老师三次到石家庄、北京学习。我还主动做了很多有意义的事情。我现在已经没有了退休的想法，而是想“为祖国健康工作六十年”。

我从学生身上也看到了心学的作用。我要求学生每日三省吾身：“不说谎、不抱怨，尽己责”，同时，每天读圣贤书，导之以正，激扬其高远志向。我要求学生不断体会“修道之谓教”“尽责即幸福”的含义。这些学生经过一段时间的修习，可以说大多数精神面貌都有了明显的改变。我的这种“水课”也受到了学生的欢迎，外校、外院系的同学、访问学者，甚至保安都会来旁听，在课程结束之后，绝大部分同学都还在继续坚持每日三省吾身，继续每天读圣贤书，以“修身”“修心”。

我身边还有很多校长、教师、企业家也在学阳明心学，他们是把心学当身心之学来修。我就发现，他们中很多人的生命都发生了巨大的变化，家庭更加幸福，人生更有方向，企业更有良知。2016年10月29日，我参加了北京阳明教育研究院主办的“企业家致良知贵阳论坛”，在那里，我从每一位发言者身上看到的都是满满的正能量，当我们一起唱起《歌唱祖国》时，很多人都流下激动的泪水。

四、回到自己

最后，我想回到我们自己。作为教育工作者，我们要做“上医”，上医治未病。要把“空心病”控制在萌芽状态，甚至让它根本就不萌发。但是，阳明先生说：“若自己病痛未能除得，何以能疗得天下之病?”我们作为教师，首先要让自己不得“空心病”，要找到做教师的价值和意义，不要抱怨，不要有职业倦怠。

心学是防治“空心病”的灵丹妙药，这药是可以终身免费领取的。但是否领取、是否服用，完全取决于我们每个人自己。所以，归根结底，防治“空心病”要靠我们每个人自己。

陶西平

国家总督学顾问

联合国教科文组织协会世界联合会副主席

教育改革要遵循教育规律[①]

2015年9月召开的联合国可持续发展峰会，确定了到2030年未来15年全世界各国政府共同认同的发展目标。其中第四项就是教育的目标："确保包容、公平的优质教育，促进全民享有终身学习机会。"这已成为各国政府对教育的承诺。

从峰会之后到现在，我认为有两件事特别值得关注：第一件是2015年12月10日美国总统奥巴马签署了《每一个学生成功法》，取代了《不让一个孩子掉队法》；另一件就是联合国教科文组织发布的研究报告《反思教育：向"全球共同利益"的理念转变?》（以下简称《反思教育》）。在此，我结合《每一个学生成功法》和《反思教育》的报告内涵谈谈对教育创新的借鉴与启示。

①陶西平教授未能到会，会后提供的文章。

《每一个学生成功法》告诫我们：教育改革必须以观念变革为前提，同时坚持遵循教育的规律

历来，美国关于教育的法案针对的问题基本一致，都是美国教育面对的一个难题：教育质量问题，特别是基础教育的质量问题。

2013年美国总统奥巴马在国情咨文演讲里曾经讲道："所有美国公民必须接受教育和工作所必需的技能培训。同时我们要确保在美国的每一个公民，只要勤奋肯干就有获得出人头地的机会。"这就是所谓的"美国梦"，美国承诺要用教育的公平和高质量来保证"美国梦"的实现。7天后，诺贝尔经济学奖获得者斯蒂格利茨在美国《纽约时报》发表了一篇文章——《平等的机会，美国的神话》。他指出："贫穷和父母受教育程度低的家庭出身的孩子，是否能够和中产阶级家庭出身的孩子一样有机会接受良好的教育并且将来也成为中产阶级？即便是在比较平等的社会，答案也是否定的，何况是在美国。有资料表明，与其他发达国家相比，美国人的前途更依赖于父母的收入和其接受教育的水平。"所以，美国的基础教育一直没有办法保证教育质量的公平，这不仅扩大了美国的贫富差距，而且阻碍了美国社会经济的发展。

所以，美国政府采取系列举措立志于解决中小学教育质量低下的问题。1983年美国高质量教育委员会提出一个报告：《国家处在危险之中，教育改革势在必行》；1985年提出了《普及科学——美国2061计划》；到了1991年老布什总统签署了《美国2000年教育战略》；1994年克林顿总统签署了《美国教育改革法》……这一系列的文件针对的重点都是提高美国基础教育质量。其中，业界认为2001年小布什政府签署的《不让一个孩子掉队法》是美国教育改革中最具有重大意义的事件。我也在该法案推出后，访问美国并与主管基础教育的副部长交谈。我看到美国教育部的正门牌楼上就有“不让一个孩子掉队”的标语，教育部副部长告诉我《不让一个孩子掉队法》就是美国教育部的工作核心，要努力提高美国中小学基础教育的质量。

这个法律提出：公民教育影响每一个人自身。但是，美国有太多的孩子因期望值低、识字少和缺乏自信而被隔离开。在劳动技能要求日益复杂化而且不断变化的世界里，仅就识字而言，这些孩子正落在后面。今天近70%的美国城区四年级的学生，在国家阅读测验中，没有达到基本的阅读水平……虽然教育首先是一个州和当地政府的责任，但联邦政府若容忍上述无知的方面也难辞其咎。目前，联邦政府在教育体系中奖励成功和处罚失败方面做得很不够。

美国的教育原是各州负责的，所以美国联邦政府并不对各个州的教育进行过度干预。小布什总统认为，如果联邦政府不干预各个州的教育，那么整个美国的教育质量就很难提高。他引用杰弗逊的一句话，“在文明状态下，没有一个国家可以既愚昧无知又自由自在，过去没有，将来也不会有”。小布什所公布的《不让一个孩子掉队法》加大了联邦政府的权力，加强了对各州教育的监督，以及奖励和处罚。

该法案实施几年后，应该说在成绩上可能有一些提高，所以小布什在最后一次国情咨文演讲的时候说："6年以前我们一起通过了《不让一个孩子掉队法》，今天没有人能够否认我们实施这个法案取得的成果，去年四年级和八年级的数学测验成绩已经达到历史最高水平，阅读测验水平也在提高，黑人和西班牙裔学生测验成绩也是历史最好的。"

实际上，在小布什下台之前，美国几任总统的教育顾问、《不让一个孩子掉队法》的起草人之一戴安·拉维奇出版了一本叫作《美国学校体制的生与死：论考试和择校对教育的侵蚀》的书，书中否定了这部法的成就，指出这部法并未取得预期效果，而且引发了应试教育的热潮。

2016年6月7日，美国教育部发布了一项最新报告，题目为《公民权利数据搜集》，该调查每两年进行一次。本次调查对象是2013—2014年全美9.5万所学校的5000万名学生。调查显示，非裔和拉丁裔美国学生依旧没有得到平等的教育机会。十分之一的学生经常旷课，非裔学生更容易被学校停课，在少数族裔学生为主的学校高级课程少，任教老师资质不全。因此，到目前反观2013—2014年美国的基础教育状况依然不乐观。

所以美国各个州在小布什下台后开始陆续提出不再执行《不让一个孩子掉队法》。另外，从2007年起，美国国会就第一次寻求修改《不让一个孩子掉队法》，2011年、2012年和2013年连续三次酝酿修改，最终在2015

年11月19日美国众议院和参议院协商委员会达成一致，形成了《每一个学生成功法》，12月10日，美国总统奥巴马正式签署了这一法案，取代了《不让一个孩子掉队法》。

有相当多的观点认为，新法的签署可能是美国教育改革的重大事件。我认为，我们需要对这个法案有一个清醒的认识。新的法案尽管有重大的变动并被宣传将载入史册，但并非目标的改变而是策略的改变。新法案肯定并延续了旧法确立的目标，就是解决美国中小学教育质量低下的问题。同时，仍然以学业成绩作为质量检测的主要标准，以考试作为质量检测的主要方式，继续实行问责制。这几条并没有变，当然在内容上、方法上都有一些调整。所以，我们说这是为了解决同一个难题的两种策略。

《每一个学生成功法》对旧法执行过程中出现的问题作出了修改，譬如社会各界和学校教师的强烈反感以及传统政治体制格局的矛盾等。其中最重要的修改是在相当程度上恢复了传统政治体制格局。虽然教育管理集权化是当前各国教育改革的共同趋势，但美国《不让一个孩子掉队法》将过去以州管理为主，改为实行联邦集权，结果没有取得预期的效果。新法将教育的控制权还给了各州和地方学区，下放了集权层级。由于这一改变，引发了提高教育质量的一系列策略的调整：管理体制——从集权到分权，质量标准——从划一转向自主，监测方式——由统一转向灵活，问责制度——由严责转向激励。

《每一个学生成功法》强化了学前教育的部分，正如民主党莫瑞议员所说："这是联邦教育法案第一次把学前教育列入法律。联邦教育法案第一次承认了早期学习的重要性，并提出了奖励计划。"

新法案还关注学生的理科教育，特别是信息技术教育。新法案涉及理科教育的主要内容包括：数学、自然科学在州政府教学目标中作为核心科目要求不变，同时将计算机科学作为核心科目。现在的课程实际上是三大类，一般的国家都有核心课程、选修课程和跨学科的综合课程。各个国家都继续强调加强核心课程。这部法律特别强调将理科作为核心课程的重要性，并且将计算机科学作为核心课程，特别强调把STEM（是科学、技术、工程、数学四门学科英文首字母的缩写）教学与计算机科学连接。

新法还提出设立理科教学大师团，目的是鼓励优秀理科教师。白宫具体公布的执行计划中提到，要用4年的时间培养1万名模范理科教师，每人每年最多用2万美元的额外津贴作为鼓励。同时，定向资助地方教育机构中有利于提高理科教育水平和学生参与度的项目。我想，对理科教育的重视与美国目前面临的再工业化，以及智能社会的建设有很大关系，这一点值得关注。

总之，《不让一个孩子掉队法》是影响全美的重大改革，而《每一个学生成功法》又是针对前一次改革的改革。由于后一次改革总是针对前一次改革存在的问题而进行，所以这种改革会有一定、暂时的效果。但是由于观念没有变，只是改变了策略，改革是不是能够解决根本问题？恐怕还需要时间来检验。

就像当年戴安·拉维奇曾经提出的："要改进教育就必须回到教育本身，形成好的教育观念，重视课程质量，建立公平的评价体系，引进培养和留住好教师，形成一个学校与社会的关联系统。"他强调教育没有捷径可走，用扎实的知识和正确的价值观来培养学生的思想和心灵，才是教育的本质。戴安·拉维奇的话实际上指出了教育改革的本质：必须以观念变革为前提，同时坚持遵循教育的规律。

这件事情很值得我们借鉴：即小布什试图用考试倒逼改革，但考试只能倒逼出应试教育，考试绝对不可能倒逼出素质教育。

《反思教育：向"全球共同利益"的理念转变?》：倡导人文主义的教育价值观

联合国教科文组织成立70年来，一共发表了三个关于教育的重要研究报告，这三个报告对全世界的教育都产生了很大的影响。

第一个报告是1972年发布的《学会生存：教育世界的今天和明天》(以下简称为《富尔报告》)。在当时科学技术迅猛发展的背景下，这个报告充满了科学主义和经济主义的精神。该报告认为：教育要服务于科学发展、促进经济发展。科学技术把人们带入了学习化社会。人们只有不断学习才能适应科学技术革命所带来的生产和社会的变革。报告特别强调"学习化社会”和“终身教育”两个观念。这两个观念影响了世界教育的发展。

第二个报告是1996年发布的《学习：内在的财富》，也就是我们熟悉的《德洛尔报告》。在世界经济走过七八十年高速发展的黄金时代，逐步走向衰退而又恰逢世纪之交的时候，人们期望21世纪经济能够有更好的发展，社会矛盾能够有所缓解，环境得到有效的改善。所以这个报告充满了乐观主义和理想主义色彩。这个报告提出了教育的“四大支柱”：学会认知、学会做事、学会合作、学会生存。这“四个学会”对我们中国的教育改革也产生了很大影响。

第三个报告就是新发布的《反思教育：向“全球共同利益”的理念转变?》。在这个报告的序言里，联合国教科文组织总干事伊琳娜·博科娃提道：“我们在21世纪需要怎样的教育？在当前社会变革的背景下，教育的宗旨是什么？应该如何组织学习？这本出版物的思想便是由这些问题有感而发。”“我确信，我们今天需要对教育再次做出高瞻远瞩的思考。”

如果说《富尔报告》是倡导科学主义和经济主义，《德洛尔报告》是倡导理想主义和乐观主义，那么《反思教育》报告的主要内容是提出了人文主义价值观。它的主要内容包括：

1. 为什么提出人文主义价值观？

我认为这涉及两个方面：第一个方面是我们处在“两个失衡”的时代，“人与自然关系的失衡”和“人与人关系的失衡”。例如，环境的恶化、全球变暖已经带来了现实的灾难，还有贫富分化加剧、战争恐怖活动。第二个方面，我们也在经历“两个变化”的时代。第一个变化是新一轮的科技革命和产业变革正在兴起，给我们未来的发展也提供了机遇；第二是世界格局的变化，经济全球化、政治多极化，以及互联网带来的地球扁平化。所以“两个失衡”“两个变化”合在一起，给我们提出了严峻的挑战，但也给我们提供了发展的机遇：面对这样的世界，我们需要人文主义的教育观。

2. 什么是人文主义教育观？

世界在变化，教育也必须变化。社会无处不在经历着深刻变革，这种形势呼吁新的教育形式培养出当今及今后社会和经济所需要的能力。这意味着超越识字和算术，以学习环境和新的学习方法为重点，来促进正义、社会公平和全球团结。因此，人文主义教育观一方面强调能力，一方面强调社会正义，强调全球的持续发展和和谐。教育必须教导人们学会如何在承受压力的地球上生活，教育必须重视文化素养，立足于尊重和平等，有助于可持续发展的社会、经济和环境三方面融为一体。教育的价值观应该与人类可持续发展的价值观结合在一起。

2015年9月25日，联合国可持续发展峰会在纽约联合国总部正式拉开帷幕。会议一致通过了一份由193个会员国共同达成的成果文件，即《改变我们的世界——2030年可持续发展议程》，这是一项包括17项可持续发展目标和169项具体目标的纲领性文件。这17项目标若得以实现，人类的可持续发展就有所保障。这17项目标总的精神是把经济的增长、社会的包容性提升与环境的可持续性发展三者结合在一起。

维护和增强个人和其他人在自然面前的尊严、能力和福祉，应该是21世纪教育的根本宗旨。每一个人都应该有生存在自然与社会中的权利，这一权利应该获得保障和尊重。我们需要采取整体的教育和学习方法，突破认知、情感和伦理等传统的二元论思维。

《反思教育》报告还认为要消除认知与其他学习之间的矛盾对立，这对于教育至关重要。就连侧重于衡量学校教育、学习成绩的人也不例外。强调只关注学习成绩是不行的，人还需要有其他方面的品质。所以要提出一个更加全面的评估框架，超越传统的学习领域，应该包括人的社交和情感学习、文化和艺术等各方面的全面提高。在人文主义教育观的指导下，知识、学习、教育就需要重新定义了。

3. 对人与社会可持续发展的关切

可持续发展是指既满足当代人的需求，又不损害后代人满足需要的能力的发展。换句话说，就是指经济、社会、资源和环境协调发展，它们是一个密不可分的系统，既要达到发展经济的目的，又要保护好人类赖以生存的自然资源和环境，使子孙后代能够永续发展和安居乐业。

我们现在讲个性化学习，主要讲个体的发展，而《反思教育》报告中提出应该增强个体对于社会甚至全球负责任的行为，就是社会责任感，这与个性化同样重要。当今世界相互联系，相互依存，各种变化及紧张不安和矛盾冲突达到了前所未有的程度，并由此产生了不容忽视的新的知识前景。这种变化要求人们努力探索促进人类进步和保障人类福祉的各种途径，包括承认世界观和价值体系的多样性，以及需要支持多样化的世界观和知识体系。

4. 人文主义的教育方法

人文主义教育方法应该是一套普遍适用的伦理原则，应以此为基础，采取综合方法落实全面教育的目的和组织。这种方法影响到学习过程的设计，以促进相关知识的习得和服务于全人类的能力培养。人文主义方法让教育辩论超越了经济发展中单纯的功利主义作用，着重关注包容性和不会产生排斥及边缘化的教育。人文主义的教育方法可以指导人们应对全球学习格局的变化，教师和其他教育工作者依然是学习的核心力量，以实现所有人的可持续发展。

《反思教育》报告认为，如果单纯讲教育是为经济发展服务那就太狭隘了，但是这就挑战了现在的主流发展言论。当然教育的经济功能无疑是重要的，但是我们必须超越单纯的功利主义观点以及众多国际发展讨论体现出的人力资本观念。教育不仅关系到学习技能，还涉及尊重生命和人格尊严的价值观，而这是在多样化世界中实现社会和谐的必要条件。

我们必须记住，课程框架是把广泛的教育目标与实现目标的过程联系起来的桥梁。所以要让课程框架具有合法性，制订教育目标的对话过程，必须做到普遍参与和包容，要更多地听取各方面的意见来构建我们的课程体系。课程政策与课程内容应该以社会和经济正义、平等和环境责任原则为指导。

我们需要一种更加流畅的一体化学习方法，让学校教育和正规教育机构与其他非正规教育机构开展更加密切的互动，而这种互动要从幼儿阶段开始，并延续终生。教师现在应该成为学习的向导，引导学习者（从幼儿时期开始，贯穿整个学习轨迹）通过不断扩大知识库来实现发展和进步。我们还应为教师提供更具吸引力、更加激发人的积极性以及更加稳定的生活条件，包括薪资和职业发展空间等。假如我们不想看到因兴味索然而导致全球最重要的基础教育教师职业受到削弱，就必须这样做。

5. 复杂世界中的教育决策

教育决策需要应对目前的复杂问题；需要认识和应对正规教育与就业之间的差距；需要在跨越边界、职业和学习空间的流动性日益增强的世界里，承认学习；需要在日益全球化的世界中反思公民素质教育；需要联系可能出现的全球治理形式，来认识国家教育决策的复杂性。我们国家正在探求与世界各国之间的学历互认，因为在一个全球化世界里，这是人才流动的必要条件。

6. 学校和教师不会消失

学校教育是制度化学习和在家庭之外实现社会化的第一步，是社会学习（学会做人和学会生存）的重要组成部分。学习不应只是个人的事情，作为一种社会经验，需要与他人共同学习，以及通过与同伴、老师进行讨论和辩论的方式进行学习；虽然传统的高校模式面临“移动学习”和“大规模开放式在线课程”（MOOC）等的挑战，但实体教育并不会消亡。某些人预测，教师职业注定会逐步消亡。这些人称，新的数字技术将逐步取代教师，实现更广泛的知识传播，提高可获得性，最重要的是在教育机会急速扩张的同时节约资金和资源。但我们必须认识到，这种预测已不再令人信服：所有国家必须仍将有效的教学职业视为本国教育政策的优先事项，教育信息化不可能取代实体教育。

通过这两个资料我们可以看到：教育理念体现社会发展变化的需求，理念的变革是教育创新的基础，所以教育创新不是简单的传统教育方式上的改变，而是适应时代发展的教育理念指导下的教育创造。我们的教育创新，既要勇于突破现状，又要善于借鉴国内国外的历史经验和教训，减少、避免失误与失败。要在反思中协调，在协调中前行。

互动对话

季卫东　张志勇　任剑涛　文东茅

互动对话

主持人：

谢谢文老师。在如今的中国社会很多人得了“空心病”，所以今天特别高兴文老师提供了他自己亲身经历的解决之道。下面请出第四个议题演讲嘉宾——季卫东老师、张志勇老师、任剑涛老师、文东茅老师，相信现场互动一定会非常精彩。

提问：

各位嘉宾，各位老师，大家好，据不完全统计，我国每年有15万学生自杀，这个数字比较悲剧，我想问一下，在我们学校的老师和父母之间，能不能建立一场学习会，让这些教育人成为救人的人，不是成为杀人的人，需不需要立法？给家长立法还是给教育人立法？

张志勇：

学生在校园里面自杀的现象，确实是我们教育工作者最痛心的事情。我们要建一张保护孩子、呵护生命的网，每个孩子生命的成长都是脆弱的，孩子生命的保护也好，健康成长也好，是全社会的责任，既是学校的使命，也是家庭的使命，更是社会的使命。全社会只要教育价值观回到育人为本，而不是把学习看作工具——改变社会、个人命运、家庭命运的工具的时候，社会上不会出现这么多自杀现象。

提问：

在目前相关法律和执法机构缺失的情况下，学校或者教育主管部门，或者社会，应该如何最大限度保证教育目标群体合法的应有权利，比如对于毛坦厂中学、衡水中学的学生，主管部门应该如何保障学生应有的权益？

张志勇：

保护孩子健康成长权利和创造健康成长环境，这是需要教师与家庭共同来做的，我们在各地的教育改革当中都在试图来给孩子的健康成长创造一些环境，谈到教育的法制治理问题，实际上我们从学校层面也在做很多工作，比如我们现在这样一个现代学校制度建设。我个人认为我们懂法执法，还有我们用法保护自己的权利，这样一个基层法制推进过程，是中国教育法制的希望。

这个问题其实我跟很多老师在沟通，我们的校长也在沟通，我们的权益怎么样受到剥夺、侵害。你向我来倾诉，我有一份责任，我是行政管理者，我是一个自发者，没有问题，但是当你的权益受到侵害的时候，有没有拿起法律武器保护它呢？去找执法机关、权益保护机关来反映你的问题，其实在这个方面非常薄弱。

我们这样一个权益保护，我认为需要两个方面的努力，一个是我们的行政执法体系的法制意识、履职能力、履职意识要增强；另外一个方面，我们每个人的教育权益、自由的权益要受到法律武器的保护，这是两个方面，我们中国的法制需要这两个互动。

提问：

我是《21世纪经济报道》的记者，问一下季老师，刚才提到社会捐赠，近些年高校财政来源发生一些变化，您认为今后高校财政来源将会有怎样的发展和变化？

季卫东：

高校财政来源多元化，有利于办学自主权的加强，有利于学术自由，当然也有利于创新环境的形成。高校财政的主要来源是政府教育拨款、学费收入、培训费用、竞争性项目资助、校友捐赠、社会捐赠。对于社会捐赠，高校当然持欢迎态度，这也体现了企业家的社会责任感。与美国相比，中国社会缺乏教育捐赠的传统。因此通过立法鼓励企业从事捐赠事业是很有必要的，例如对捐赠者在税务方面给予一些优惠。不得不指出的是，由于中国社会缺乏教育捐赠的传统，所以也缺乏相应的行为规范，造成捐赠协议主动或被动地附带太多的条件。对捐赠者心存感激是理所当然的，但如果让捐赠者过度干预受捐赠者的内部事务，或者两者之间的关系纠缠不清，就会违背慈善事业的宗旨，让人产生“买名行为”的误解。这就会亵渎高校的品位，也会伤及捐赠者的美意。但无论如何，我们还是应该赞美社会捐赠之举，并通过适当的法律措施来鼓励社会捐赠。

提问：

前几天发生在我们中关村二小的校园欺凌事件，就是校园暴力，现在的教育法制体制，对于未成年人校园安全这方面还是缺乏有效的针对性，相比美国来说还是一个空白，所以我想问一下各位老师，您认为我们作为学校或者作为社会团体应该怎样去推动我们对于校园欺凌文化的立法，尤其是针对未成年人方面？

任剑涛：

此前我参加过法律出版社做的一个视频节目，叫作《法评说》，虽然我是政治学者，但是每次的两位嘉宾都是法学者，我们最近一次做的未成年人违法犯罪问题，因为有数据表明，未成年人违法犯罪现象明显增长。虽然中关村二小这次欺凌事件的涉事人是小学生，还没有达到明显犯罪状态，但违法究竟会怎样？现在争论很大。中关村二小本身表态，这次事件甚至算不上欺凌，因此发生很多争论。所以我们在《法评说》讨论的时候，为这个事情，我和两位法学家发生了争论。我主张强化对青少年违法犯罪的惩戒，两位法学家是怀柔心肠，表示对青少年加强惩罚，未见得能够教育好青少年，他们以怀柔为主。法学家大概没有重视立法本身的教育功能，惩罚首先是一种惩戒的提前告知，而且强化对青少年犯罪的惩戒，对我们一般强调的惩前毖后这种法律社会教育后果非常重要。

季卫东：

校园存在一种特殊的权力关系，在老师与学生之间。学生处于弱势地位，比较单纯，比较容易受到伤害，因此有必要通过法律措施保护学生的权利。校园安全问题非常复杂，也值得社会各界关注。在中小学校目前比较突出的问题是学生与学生之间的欺凌现象以及老师对学生的体罚，当然也存在学生团伙攻击老师的情况。在大学，性骚扰、学术骚扰成为更突出的问题。学术骚扰这个概念大家可能不太熟悉，即导师为了自己的利益或者某种阴暗心理在学术上故意刁难学生，形成冷暴力。校园的安全隐患有些是道德问题，有些是法律问题，有些纠纷和危害需要采取综合治理措施。在法律上，重要的是明确权利所在以及提供救济的渠道。

提问：

问一下文老师有关心学的问题，众多心学大家里面，王阳明先生已经离我们很远了，大家众说纷纭，有没有一个主流的思想？比如说禅宗也有各种派系，您这种心学有没有一种主导的派系？

文东茅：

圣人之心都是一颗心，如果读圣贤书的话，他们说的话是一样的，仔细读的话，没有必要有那么大的分辨性，读王阳明也可以，读陆九渊、朱熹、孔孟都可以，甚至读佛家思想都没有问题，但是我们要长这颗心。

提问：

问一下张志勇老师，现在对于小学生减负口号喊得越来越响，在您接下来的工作当中，有没有计划打算给教师减负，增强教师的幸福感？

张志勇：

好问题。其实我应该说一直在做给教师减负的工作，首先控制教师上课时间，包括节假日补课时间，包括作业量控制，都是要试图减负的。我一直想教师的职业幸福感是做好这个职业、维护孩子权益、提高教育质量的根本，如果教师生活不幸福，我们的孩子们要想真正拥有幸福的校园生活也是不可能的。这个想法我一直在践行，但是我努力得不够，我会继续努力。谢谢你！

附录

中国教育三十人论坛
关于构建现代教育治理体系的九个建议

近日，中国教育三十人论坛第三届年会在北京召开。论坛以“现代教育治理体系建设”为主题，与会嘉宾既有诺贝尔奖得主，又有国内知名的教育家、法学家、经济学家、作家（参会嘉宾名单附后），充分体现出专业与跨界的有机结合。会上，各位嘉宾通过不同学科背景、专业立场，认真审视中国教育治理现代化的路径选择，认识独到，观点创新，建议可行。现将论坛观点及建议汇总如下：

一、推进教育治理现代化，必须始终围绕并践行“以人为本”与人的现代化这一核心价值观。

推进教育治理现代化工作，要围绕体现“以人为本”，实现人的现代化这一价值目标，既突出问题导向又体现价值引领，采取的各种举措必须确保教育治理价值目标的“以人为本”、教育治理体系的“以校为本”及教育治理评价的“以质为本”，从简政放权到权益保障，从民主参与到基层活力，从公平正义到资源共享，从区域教育现代化到全面教育现代化，对教育治理的知识体系、价值观念、思维方式及行为方式各方面、各领域进行全面建设提升。

二、推进教育治理现代化，必须调动“培养谁”和“谁来培养”两大主体的积极性。

我国有2.6亿名学生、1600万教师、52万所学校，举办着世界最大规模的教育，学校组织的复杂化、结构多样化、水平差异化非常突出，治理工作必须进一步解放思想，简政放权，政府及部门不能越俎代庖，明确并围绕学生与教师两大关键主体，充分调动关键主体的积极性，靠体制松绑发挥主体积极性、推动技术革新，进而实现教育的治理现代化。

三、做好教育治理现代化工作，必须遵循教育规律，在教育治理科学化上迈出实质步伐。

科学化是做好教育治理现代化工作的必由之路，切不可简单粗暴、指点江山。要在科学精神指引下，规避单纯的升学率目标、领导意志与经验管理弊端，使教育治理活动遵循育人规律，遵循教育治理规律，通过建立科学、完整的教育治理制度，形成协调有效的教育组织体系，提升专业高效的教育治理能力，搞好管理资源效益的有效整合，进而实现教育的科学治理。

做到教育治理科学化，要改变习惯的管控思路为治理思路，从过去的命令、直接管理向更多地运用法规、规划、标准、政策、财政、信息服务等方式或杠杆指导和监管，推动治理工作从前置审批为主向事中、事后监管为主转变，从微观管理向宏观管理转变，从直接管理向间接管理转变，从办教育向管教育转变，从管理向服务转变。

深化管办评的分离改革，是推动教育治理现代化的先手棋。当务之急是简政放权，实现管办评分离。一千所学校有一千种风貌。针对办学自主权落实不到位、办学自律机制不健全的弊端，深化管办评分离改革，强化“学校建章程、政府核章程”的治理要求，发挥学校、社会、政府部门各自的职能与积极性，各负其责，各司其职，该管的管事，该办的办事，该评的评好，而不是相反。

四、推进教育治理现代化，必须树立法治思维，真正落实依法治教。

法治是包括教育现代化在内的整个社会主义现代化建设的根本保障，也是教育创新的重要前提和基础。要以教育治理的法治化明确教育资质，健全教育治理，规范教育秩序，推进并确保教育治理的现代化。

落实依法治教，不是简单的司法意义上的依法治教，更不是政治学意义上的依法治教，而是行政体制机制层面上的依法治教。要将各个方面的治理力量约束在法治的总体原则下，通过规范化、制度化的法律法规保障，释放教育机构办学热情，规范教育机构办学程序，引导教育机构治教的程序性安排，确立教育机构的法人治理模式。同时，通过法律法规制约变相的谋求权力、聚集资源、强化管控，将各种教育行为约束在法治原则下，对关乎教育体系及各个子系统进行监督管理，确保教育主体能够全身心地进行教学工作。通过立法鼓励企事业单位、社会组织、个人捐赠教育事业，给予包括税费方面的优惠。

针对校园暴力问题，必须依法强化对校园违法犯罪的惩戒。惩罚是一种惩戒的提前告知，重视法治的教育功能，强化对青少年犯罪的违法必究力度。通过法律法规来规范屡禁不止的体罚行为，使体罚行为受到规范、制约与惩戒。减少学生在校园的自杀现象是学校治理的应有之义，要通过教育、心理调适、保护机制建立一张保护孩子、呵护生命的网。通过制度规范破解大学的性骚扰、学术骚扰等难题，使校园成为学术与人文规范的乐土。

五、推进教育治理现代化，必须强化民主治理，发挥教育主体的积极性与创造性。

在不确定的时代，教育治理的基础机制是民主机制。只有教育部门、学校及社会各方民主权力得到有效保证，教师、学生的民主参与充分，才能发挥教育要素积极性，办好中国的教育。

确保教师在学校治理上的民主权利，有效防止过多的行政干预。“国将兴，必贵师而重傅”。据介绍，在美国，各州也有教育干预情况，但实际效果不佳。据对美国7000多个教育干预案例进行分析，有2%的被干预主体认为干预完全有效，有20%的被干预主体认为有点效，超过70%的被干预主体认为“可能有效，也可能没有效”。可见，即使在美国，花了大笔钱的教育干预也收效甚微。因此，对教育主体的外部干预，需要我们在治理工作中认真斟酌，慎思慎用。

明晰教育部门的管理权限，使管理权力清单化、明晰化。扩大学校的办学治校自主权，避免个别教育部门想管就管、想放就放，随意掣肘学校的办学治校活动，严格控制针对学校的各类检查评估事项，减少“××活动进校园”“小手拉大手”等非教学性事务对校园秩序的干扰。

形成问计于民（教师、学生、家长）的教育民主决策机制，实现从少数人决策走向民主决策，从简单程序决策走向规范程序决策。教育是一门艺术，急不得、躁不得，与其朝令夕改不如耐心完善，重大决策实验先行，在试点的基础上再完善推广。

六、构建统一的“全国教育公共服务平台”，为教育治理现代化提供技术服务支持。

通过搭建平台，为学生提供招生、就业等各类信息查询、问题咨询建议、在线业务办理、学分银行、学籍学历认证等相关服务；为教育参与者包括相关企事业单位、社会组织提供企业资质认证、政策咨询、事务办理、监督审查等服务。要吸引社会力量、社会资源参与到学校信息化的建设维护，鼓励地方、学校根据标准要求进行完善创新。

加强教育数据库建设，为教育治理现代化提供科学的数据依据。构建“全国教育信息化‘业务统一’和‘数据统一’的‘两统一’机制”，有效解决教育决策中出现的统计数据口径不一致，没有可靠数据来源的情况。“业务统一”是建立相对独立的教育数据统计管理机构，形成独立于教育业务主管部门的教育信息与数据管理体系，数据信息的采集、管理、发布由各层面教育数据管理机构负责。“数据统一”就是要明确教育数据的采集种类，制订统一的教育数据标准，明确统一的教育信息采集规范，明确各层面教育信息采集责任主体和责任人。

七、既落实学术问题的教师治学，又做到行政事务的职业化管理，是推进高校治理现代化的可行思路。

当今中国大学的突出问题是该学术化的被行政化，该行政化的不够行政化。高校行政化和学阀现象从根本上抑制了大学精神的成长，是中国大学治理必须破解的难题。要借鉴美国大学治理的成功经验，在学术问题上教师治学、民主参与，在行政管理上体现职业管理，为激活大学学术活力提供制度保障。因此，必须正确区分学术与行政工作，既要发挥教师主体的民主参与积极性，又不泛泛的大学去行政化，在教师治学与行政职业化上迈出步子。

高校创造性人才的培养，要在机制与小创新上破题。莫里斯认为，创造力意味着人们的行为方式会各不相同。在社会里，维持社会秩序，防止无政府状态是社会的应有之义，但如果教育只是让所有的人、所有的群体都去做同样的事情，都千篇一律，就像士兵站军姿，或者像学生背课文一样，这势必使人的创造力受到压制，而不是培养创造力。因此，高校要重视小的创新，包括从事创造性的园艺活动、烹饪活动，进一步加强对中国大学生的通识教育。

八、构建与国情相适应的家庭教育、学前教育体系，将家庭与学前教育纳入教育治理范畴。

美国社会现在已经有将近200万学生不去学校上学，上的是home school（家庭学校）。而且这些孩子的教育并没有因为不去学校而受影响。斯坦福、哈佛、耶鲁、普林斯顿这些一流大学每年招收的学生，有一部分就是home school培养出来的。因此，必须充分发挥家庭教育的特点与作用，搞好家庭教育。一要有新的家庭观，积极捍卫家庭。二要树立新的儿童观，尊重儿童权利。三要有新的家庭教育观，进行生活教育和道德教育。四要树立新的代际关系观，老人与孩子一起成长，甚至向孩子学习。从现实情况看，我国的家庭教育基础薄弱，且没有在农村系统开展，因此要在成熟城市社区建设家庭教育服务站，引进专业人员；在城市和有条件的农村学校建立家长学校，培养父母的自我教育与教育能力。

充分释放社会与民间活力，办好学前教育。国家教育处处花钱，目前国家包揽学前教育的资金实力还不足，70%的幼儿老师没有合格证书与教师证，幼儿园老师的来源也有困难，因此，必须放开思路，积极引入民间与社会资源，将学前教育作为惠民生的重要手段，多方合力共同办好学前教育。

九、构建完备的教育智库体系，为教育决策科学化提供智力支持。

完备的智库体系建设是决策民主化、科学化的制度要求，要改变目前我国教育决策及政策制定的政府包揽、政府全过程主导的情况，构建民主、科学的教育决策咨询系统。一是抓好教育科学院、教育部发展研究中心等单位，完善政府自身的教育决策咨询机构。二是完善以专家学者为主体的教育咨询委员会，实行政府任命、委托招标路线，明确使命任务、工作时间，使咨询委员会独立开展工作。这样的机构在发达国家发育比较完善，咨询委员会的决策研究报告往往以名人的名字命名，咨询人员有广泛的代表性，提交的报告质量也往往比较高。三要培育民办教育决策智库机构，使其成为教育决策的重要服务载体。中国教育三十人论坛就是这样的一个民间教育智库，智库将专家学者集聚起来，让有决策服务能力、有思想见地的专家学者进入决策服务系统，为政府教育决策提供外脑。同时，建立教育重大决策的听证制度，重大教育政策的出台必须听取民众声音，特别是直接相关利益群体的意愿和诉求，要通过互联网等广泛征求意见，使决策建立在民意民智的基础上。

中国教育三十人论坛

2017年1月5日

中国教育三十人论坛成员名录

论坛国际学术顾问

穆罕默德·尤努斯（孟加拉国经济学家、2006年诺贝尔和平奖得主）

约翰·奈斯比特（著名未来学家、肯尼迪总统教育部助理部长、约翰逊总统特别助理）

詹姆斯·莫里斯（激励理论奠基者、1996年诺贝尔经济学奖得主）

论坛学术顾问

顾明远（北京师范大学教授、中国教育学会名誉会长）

吴敬琏（国务院发展研究中心研究员、中欧国际工商学院宝钢经济学教席教授）

陶西平（国家总督学顾问、联合国教科文组织协会世界联合会副主席）

张信刚（香港城市大学荣休校长、英国皇家工程院外籍院士）

论坛成员（以姓氏笔画为序）

王嘉毅（甘肃省教育厅厅长、中国教育学会副会长）

文东茅（北京大学教育学院教授、中国教育发展战略学会副会长）

石中英（北京师范大学教育学部教授、北京明远教育书院院长）

朱永新（全国政协常委、副秘书长，民进中央副主席，中国教育学会副会长，新教育实验发起人）

刘铁芳（湖南师范大学教育科学学院副院长）

汤　敏（国务院参事室参事、友成企业家扶贫基金会常务副理事长）

严文蕃（美国马萨诸塞大学波士顿分校终身教授、教育领导学系系主任）

李希贵（北京十一学校校长、中国教育学会副会长）

李镇西（四川省中学语文特级教师、成都市武侯区新教育实验区办公室负责人）

杨东平（国家教育咨询委员会委员，国家考试指导委员会委员，21世纪教育研究院院长，北京理工大学教育研究院教授、博士生导师）

张志勇（山东省教育厅副厅长、中国教育学会副会长）

张卓玉（山西省教育厅副厅长、中国教育学会副会长）

陈平原（北京大学中文系教授、中央文史馆馆员、教育部“长江学者”特聘教授）

邵　鸿（九三学社中央常务副主席，全国政协常委、副秘书长，国家教育咨询委员会委员）

季卫东（上海交通大学凯原法学院院长、教授）

周国平（中国社会科学院哲学研究所研究员）

周洪宇（华中师范大学教授、长江教育研究院院长、湖北省人大常委会副主任）

项贤明（南京师范大学教育科学学院教授、博士生导师，民进中央教育委员会副主任）

袁振国（华东师范大学终身教授、国家督学、中国教育学会副会长）

钱颖一（国务院参事室参事、清华大学经济管理学院院长）

徐　辉（全国政协常委、副秘书长，民盟中央副主席，国家教育咨询委员会委员）

程介明（香港大学教育学院首席教授、香港大学原副校长）

谢维和（清华大学校务委员会副主任、清华大学教育研究院院长）

论坛学术委员会

朱永新　汤　敏　周洪宇　袁振国　谢维和

论坛秘书长

马国川

论坛执行秘书长

石　岚

中国教育三十人论坛第三届年会
参会名单

莫里斯	高西庆				
钱颖一	陈平原	程介明	石中英	严文蕃	李镇西
汤　敏	孙云晓	徐　辉	朱永新	袁振国	项贤明
季卫东	张志勇	任剑涛	文东茅		